창의·코딩놀이 Lesson 1

발 행 일	2025년 01월 20일(초판 1쇄)
I S B N	978-89-5960-502-6(13000)
정 가	14,000원
집 필	렉스기획팀　　**진 행** ｜ 이영수
본문디자인	디자인꿈틀
발 행 처	㈜렉스미디어　　**발 행 인** ｜ 안광준
주 소	경기도 파주시 정문로 588번길 24
대표전화	(02)849-4423　　**팩 스** ｜ (02)849-4421
홈페이지	www.rexmedia.net

※ 이 책은 저작권법에 따라 보호를 받는 저작물이므로 무단 전재와 무단 복제를 금지하며, 이 책 내용의 전부 또는 일부를 이용하려면 반드시 ㈜렉스미디어의 서면동의를 받아야 합니다.

창의코딩놀이 LESSON1 교재의 구성입니다.

창의 놀이

코딩 놀이

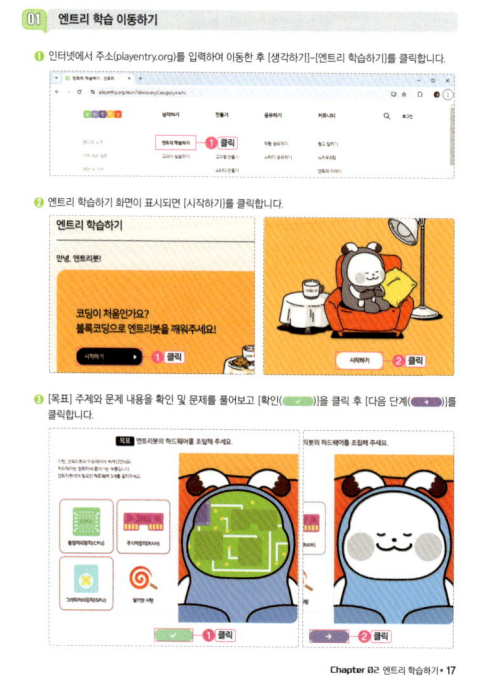

Orientation 01

놀이 학습이 끝나면 미션문제로 마무리... 종합활동은 혼자서도 충분해요~^^

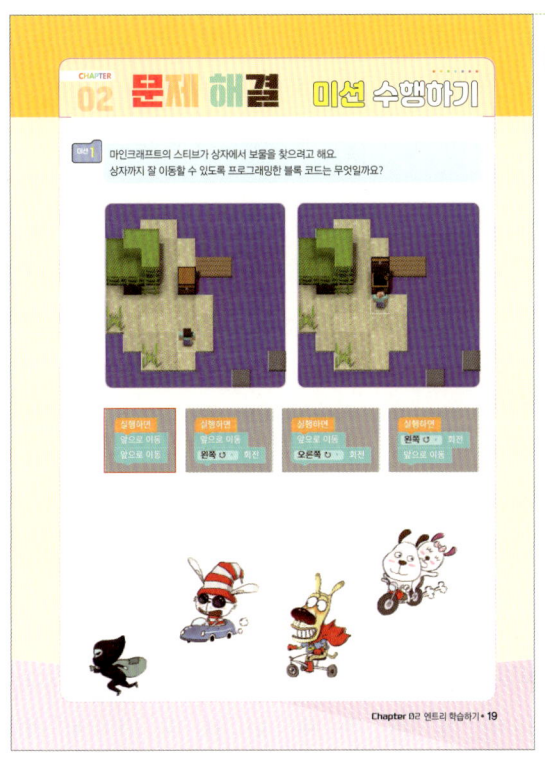

미션 문제

종합 활동

Chapter 01	008 창의놀이	컴퓨팅 사고력 알아보기
	010 코딩놀이	컴퓨터를 작동시키는 마우스 연습하기
Chapter 02	014 창의놀이	보물찾기
	016 코딩놀이	엔트리 학습하기
Chapter 03	020 창의놀이	함께 요리하기
	022 코딩놀이	엔트리 온라인 계정 사용하기
Chapter 04	026 창의놀이	분류 게임하기
	028 코딩놀이	오브젝트의 추가 및 삭제하기
Chapter 05	032 창의놀이	김밥 만들기
	034 코딩놀이	엔트리 오브젝트 편집하기
Chapter 06	038 창의놀이	길찾기 게임
	040 코딩놀이	오브젝트의 모양 수정하기
Chapter 07	044 창의놀이	순서 만들기
	046 코딩놀이	오브젝트의 모양 편집하기
Chapter 08	050 창의놀이	물건 찾기
	052 코딩놀이	블록 코드 알아보기
Chapter 09	056 창의놀이	댄스 동작
	058 코딩놀이	오프라인 작품 불러오기 및 내컴퓨터에 저장하기
Chapter 10	062 창의놀이	공간 프로그래밍
	064 코딩놀이	이벤트 알아보기
Chapter 11	068 창의놀이	색칠 프로그래밍
	070 코딩놀이	키보드를 이용한 이벤트 만들기
Chapter 12	074 창의놀이	프로그램 디버깅
	076 코딩놀이	방향과 이동 방향 알아보기

| Chapter 13 | 080 창의 놀이 | 자동화 공정 |
| | 082 코딩 놀이 | 순차 알고리즘으로 자기 소개하기 |

| Chapter 14 | 086 창의 놀이 | 비밀번호 찾기 게임 |
| | 088 코딩 놀이 | 오브젝트의 타이밍을 맞춰 대화 만들기 |

| Chapter 15 | 092 창의 놀이 | 라면 끓이기 |
| | 094 코딩 놀이 | 디버깅 알아보기 |

| Chapter 16 | 098 창의 놀이 | 카드 맞추기 게임 |
| | 100 코딩 놀이 | 반복 알고리즘 알아보기 |

| Chapter 17 | 104 창의 놀이 | 제품 만들기 |
| | 106 코딩 놀이 | 꽃잎으로 꽃 만들기 |

| Chapter 18 | 110 창의 놀이 | 순서도 알아보기 |
| | 112 코딩 놀이 | 계속 반복하여 마우스 포인터 위치로 이동하기 |

| Chapter 19 | 116 창의 놀이 | 패턴 그림 넣기 |
| | 118 코딩 놀이 | 마우스 포인터를 바라보며 이동하기 |

| Chapter 20 | 122 창의 놀이 | 규칙 찾아내기 |
| | 124 코딩 놀이 | 반복하여 모양을 바꾸며 방향키로 이동하기 |

| Chapter 21 | 128 종합 활동 | 데칼코마니, 도형 맞추기, 모양 추가하기 |

| Chapter 22 | 132 종합 활동 | 데칼코마니, 도형 맞추기, 모양 편집하기 |

| Chapter 23 | 136 종합 활동 | 길 찾기 놀이(1), 문제 코딩하기 |

| Chapter 24 | 140 종합 활동 | 길 찾기 놀이(2), 문제 코딩하기 |

엔트리 프로그램의 오프라인 다운로드 과정입니다.

1 온라인 엔트리(playentry.org)에서 entry로 이동 후 하위 목록의 [다운로드]를 클릭합니다.

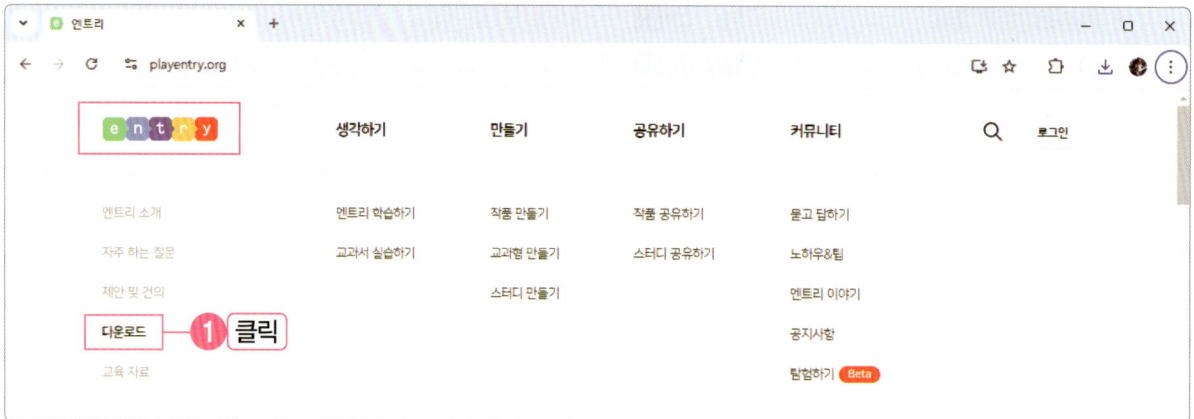

2 엔트리 다운로드 화면이 표시되면 운영체제의 버전에 따른 시스템 종류를 클릭하여 다운로드 받습니다.

여기서 잠깐!

내 컴퓨터의 시스템 종류 알아보기

[시작]-[설정] 메뉴를 클릭 후 [시스템]-[정보]를 클릭하면 윈도우의 버전 및 시스템 종류를 확인할 수 있습니다.

엔트리 프로그램의 오프라인 설치 과정입니다.

1 엔트리 설치 대화상자의 구성 요소 선택에서 [다음]을 클릭 후 설치 위치 선택의 [설치]를 클릭합니다.

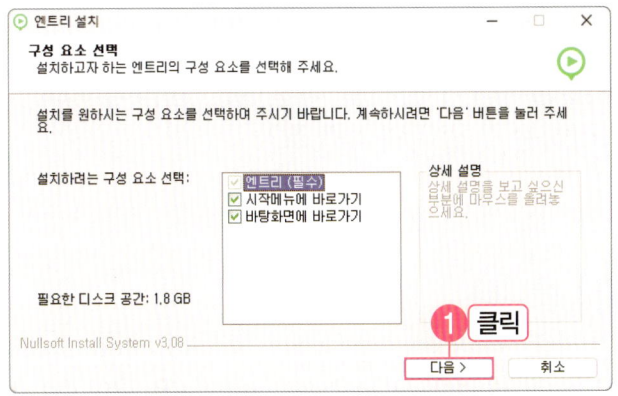 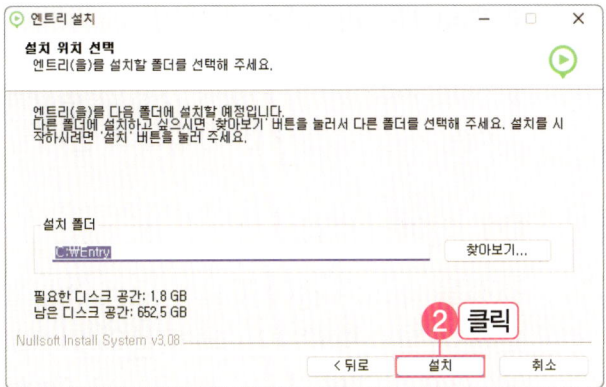

2 설치 과정이 완료되면 [다음]을 클릭 후 엔트리 설치 완료 화면에서 [마침]을 클릭합니다.

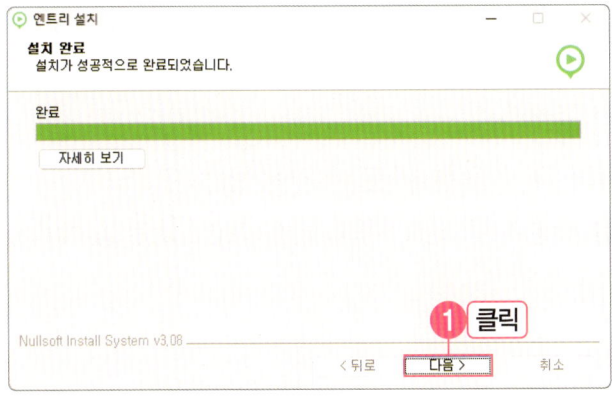 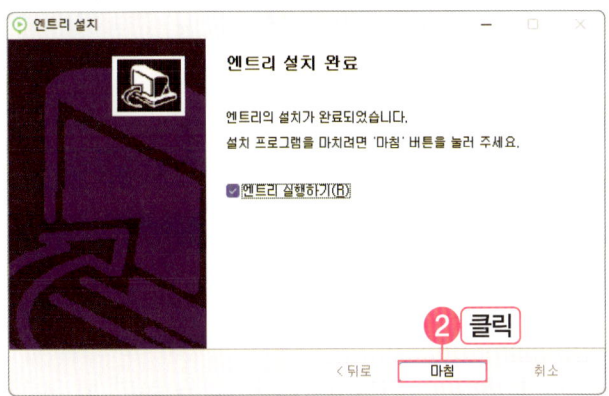

3 엔트리 프로그램이 실행됩니다.

여기서 잠깐!

내 컴퓨터에 설치된 엔트리 프로그램 실행하기
- [시작] 단추를 클릭 후 앱 목록에서 [엔트리]를 클릭합니다.

온라인 엔트리 실행하기
- 인터넷 크롬(Chrome)에 접속 후 온라인 엔트리 주소(playentry.org)를 입력하여 이동합니다.
- 본 교재는 온라인을 이용한 엔트리 실행을 기준으로 따라하기를 작성했으며, 버전은 (2.1.22)입니다.

CHAPTER 01 창의 놀이

컴퓨팅 사고력 알아보기

컴퓨팅 사고력이란?

문제를 해결할 때 우리의 생각이 컴퓨터처럼 생각하여 문제를 해결하는 방법이에요.
그러면 컴퓨터는 어떤 방법으로 문제를 처리하는지 알아봐야겠죠?

01 데이터 수집

결정을 내리기 전에 필요한 모든 정보를 수집합니다.
오류나 실수를 줄이는 데 도움이 되겠죠?
[예]: 식표품 구매시 필요한 품목을 작성하고 집에 무엇이 있는지 확인한 다음 구매합니다.

 >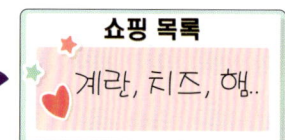

02 절차적 사고 능력

작업을 명확하고 실행 가능한 단계로 나누어 그 순서를 만드는 것을 말해요.
[예]: 요리법을 따라 요리를 하거나 설명서를 사용하여 순서대로 완성하는 것을 말하죠.

03 알고리즘

반복되는 작업을 예측 가능하고 효율적인 순서로 구성하여 시간을 절약하죠.
[예]: 아침 일과 만들기(일어나기 ⇨ 양치질하기 ⇨ 아침 식사하기 ⇨ 공부하기 ⇨ 운동하기)

 >  >  >  >

04 논리적 사고 능력

올바른 절차적 사고와 알고리즘을 가지고 그 결과를 미리 추측해 보는 것을 말해요.
[예]: 친구의 머리가 젖은 상태로 우산을 들고 교실로 들어왔다면 밖에 비가 내리고 있다고 추측할 수 있겠죠? ^^

05 추상화
중요한 사항에 집중하고 중요하지 않은 작은 사항들은 무시하는 것을 말해요.
예: 퍼즐 맞추기에서 몇 조각의 특정 부분의 그림을 보고 동물 또는 사물을 알아맞히는 것을 의미해요.

06 패터닝(패턴 인식)
반복되는 동일한 것을 찾는 것을 말해요.
예: 레고 블록이 빨간색, 초록색, 빨간색, 초록색 순서로 쌓여 있을 때 빨간색 블록 뒤에 오는 블록은 무얼까요? 초록색 블록이겠죠? ^^

07 디버깅
문제가 발생했을 때 오류를 찾아 새롭게 수정, 개선하는 작업을 말해요.
예: 레고 블록을 이용하여 탑을 쌓고 있는데 한쪽으로 계속 기울어질 때 쓰러지지 않도록 블록을 수정하겠죠? 그 작업을 디버깅이라고 해요~^^

08 문제 해결 기술
논리적 사고 능력과 추상화, 그리고 패터닝(패턴 인식) 등을 결합하여 문제를 해결하는데 효과적인 방법을 찾는 것을 말해요.
예: 친구와 갈등이 있을 때 그 원인을 알아보고 양쪽의 말을 들어보며, 오해한 부분을 해결하는 등 타협점을 찾는 방법이 있겠죠? ^^

Chapter 01 코딩 놀이

컴퓨터를 작동시키는 마우스 연습하기

학습목표

- 마우스의 기능 및 사용법을 알아봅니다.
- 마우스의 기능을 실습해 봅니다.

배울 내용 미리보기

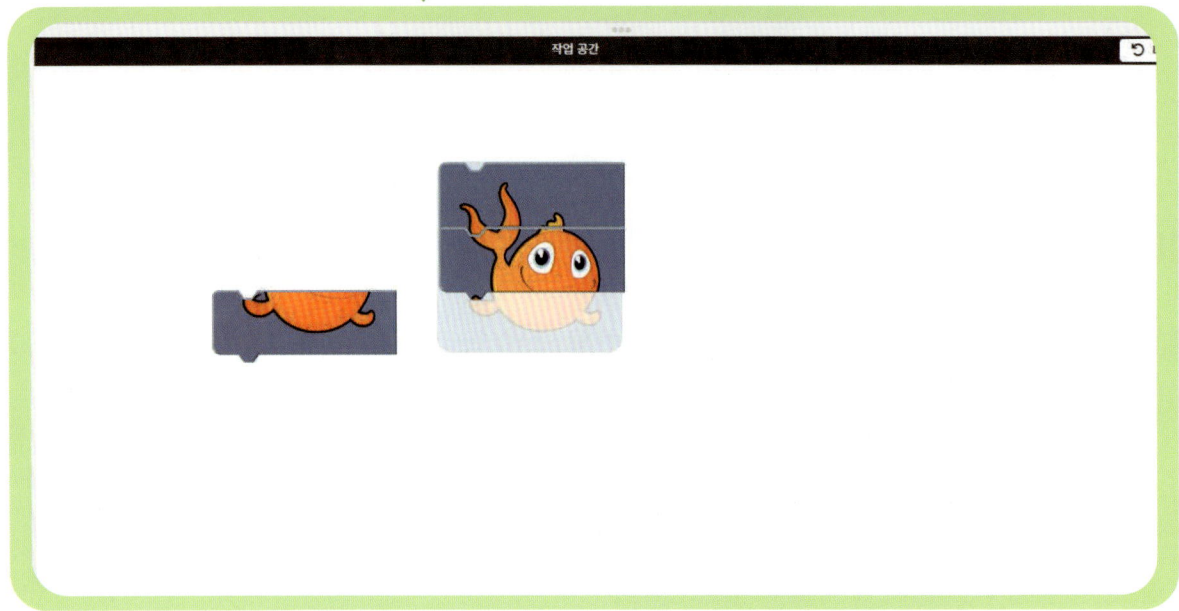

핵심놀이 마우스의 역할

컴퓨터에게 명령을 전달할 때 필요한 기능으로 모니터에 나타난 아이콘 등을 클릭하거나 더블 클릭, 또는 드래그하여 명령을 작동시키는 역할을 합니다.

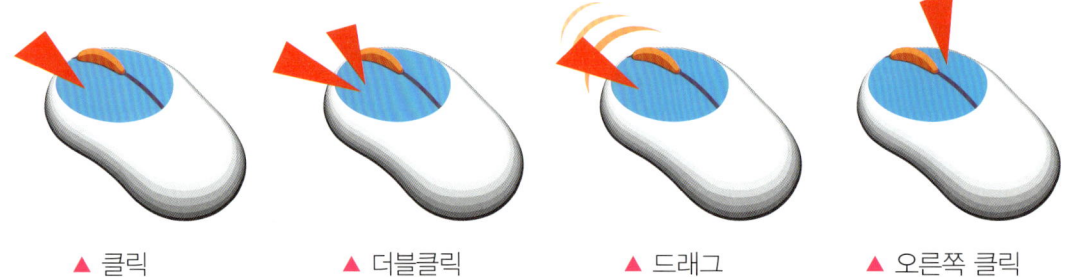

▲ 클릭   ▲ 더블클릭   ▲ 드래그   ▲ 오른쪽 클릭

10 • 창의코딩놀이 Lesson 1

01 마우스 연습을 위한 인터넷 사이트(code.org) 이동하기

❶ 인터넷에서 주소(http://code.org)를 입력하여 이동한 후 [초등학교]를 클릭합니다.

❷ 초등학교 과정의 화면이 나타나면 프리리더 익스프레스 과정의 [프리리더 과정 시작]을 클릭합니다.

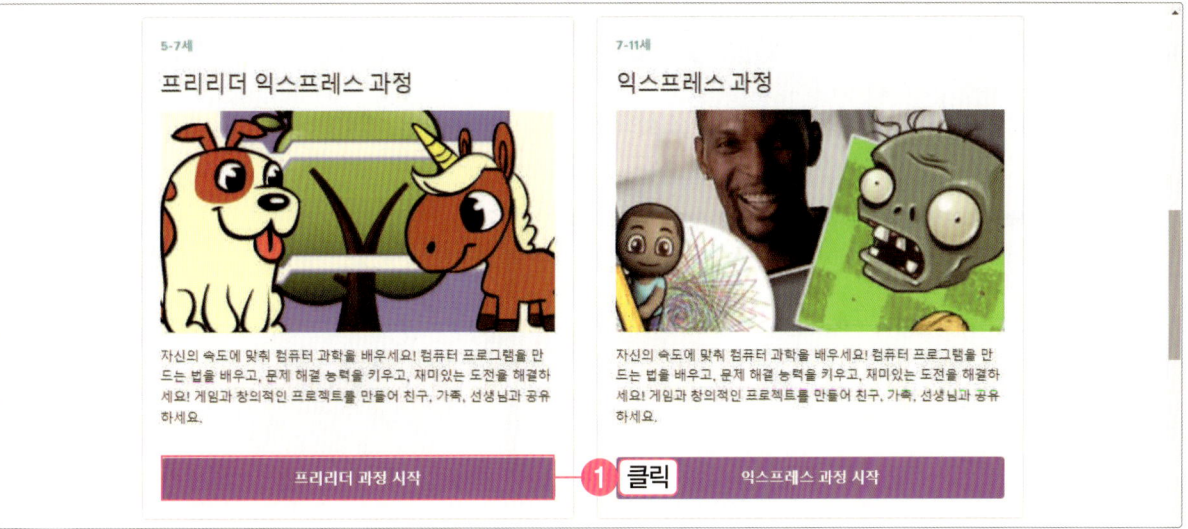

❸ 프리리더 익스프레스 과정의 화면이 표시되면 [드래그와 드롭 방법 배우기]의 2단계를 클릭합니다.

02 마우스 연습하기

❶ [레슨 1] 수업으로 이동되면 안내 설명을 확인한 후 [확인]을 클릭합니다. 퍼즐 조각을 드래그하여 중앙에 표시된 같은 모양의 그림 위치까지 드래그합니다.

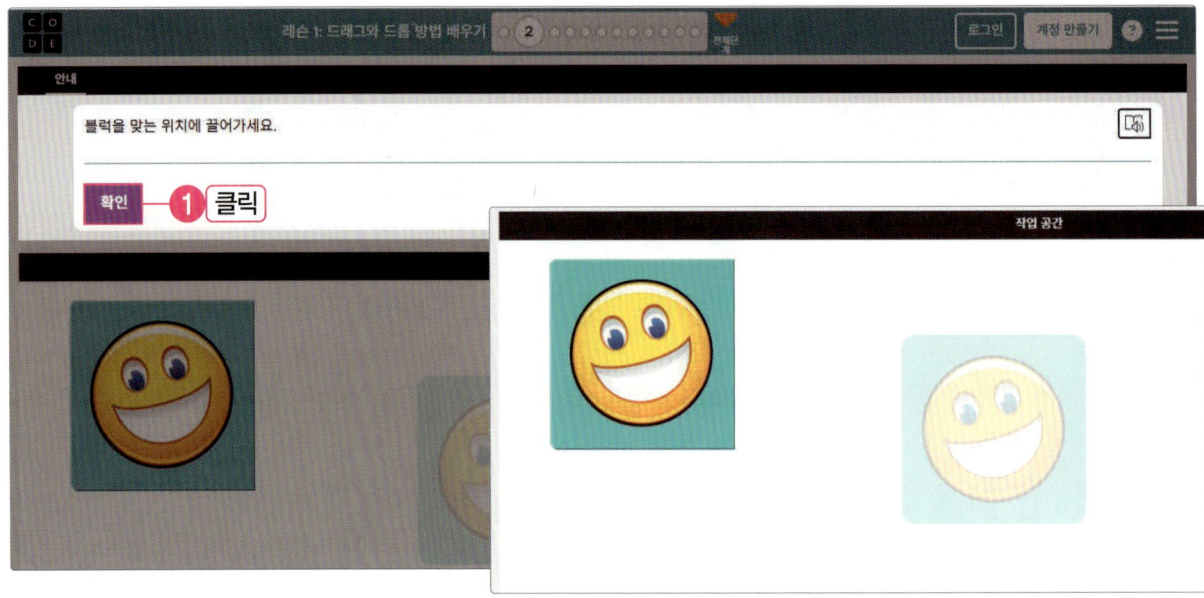

❷ 2번 퍼즐이 해결되었다는 메시지가 표시되면 [계속하기]를 클릭하여 다음 단계로 넘어갑니다. 같은 방법으로 마우스의 드래그와 드롭을 연습합니다.

STOP! 여기서 잠깐!

프리리더 익스프레스(Pre-reader Express) 화면 이동하기

화면 위쪽 제목(레슨1: 드래그와 드롭 방법 배우기)을 클릭하거나 [전체단계]를 클릭 후 [유닛 살펴보기]를 클릭하면 프리리더 익스프레스 화면으로 이동할 수 있습니다.

CHAPTER 01 문제 해결 미션 수행하기

미션 1 토끼가 당근을 찾고 있어요. 배가 몹시 고픈 모양인데 어느 구멍에 넣어 두었는지 못찾는 것 같아요. 우리 친구들이 연필로 선을 연결해서 당근을 찾을 수 있도록 도와 주세요.

CHAPTER 02 창의 놀이

학습 목표

- 알고리즘을 만들고 따르는 방법을 알아봅니다.

알고리즘 및 절차적 사고

보물찾기

4*4 퍼즐 판의 그림을 보고 문제를 해결해 보세요.

01 4*4 퍼즐 판에서 꿀벌 친구가 나비와 애벌래를 피해 꽃잎에 찾아갈 수 있도록 다리를 만들 때 필요한 블록 2개에 동그라미를 그려보세요.

02 나비 친구들이 없을 때 가장 짧은 거리의 길을 연필로 색칠하여 만들어 보세요.

Chapter 02 코딩 놀이

엔트리 학습하기

학습목표
- 엔트리 학습하기를 알아봅니다.
- 엔트리봇과 함께 블록 코딩을 알아봅니다.

배울 내용 미리보기

엔트리 학습하기

안녕, 엔트리봇!

코딩이 처음인가요?
블록코딩으로 엔트리봇을 깨워주세요!

시작하기 ▶

핵심놀이 블록 코딩 연습하기

블록 코딩은 필요한 레고 조각을 서로 끼워 만들고 싶은 모양으로 완성하듯이 다양한 명령어 블록 중에서 하고 싶은 명령의 블록을 서로 끼워 맞춰 컴퓨터에게 명령을 내리는 방식입니다. 엔트리(Entry) 프로그램은 레고를 조립하듯이 누구나 쉽게 필요한 명령어를 조립하여 원하는 코딩을 만들 수 있습니다.

01 엔트리 학습 이동하기

① 인터넷에서 주소(playentry.org)를 입력하여 이동한 후 [생각하기]-[엔트리 학습하기]를 클릭합니다.

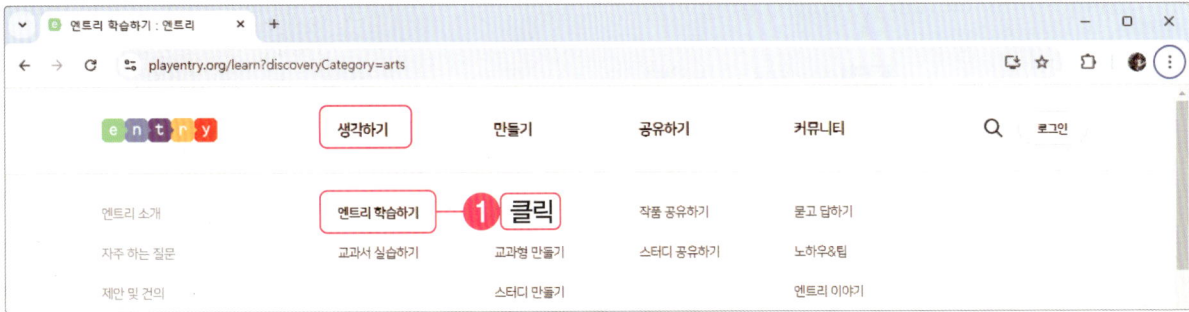

② 엔트리 학습하기 화면이 표시되면 [시작하기]를 클릭합니다.

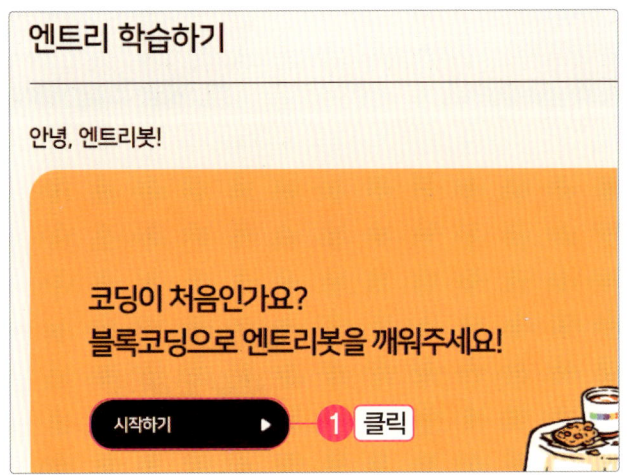

③ [목표] 주제와 문제 내용을 확인 및 문제를 풀어보고 [확인(✓)]을 클릭 후 [다음 단계(→)]를 클릭합니다.

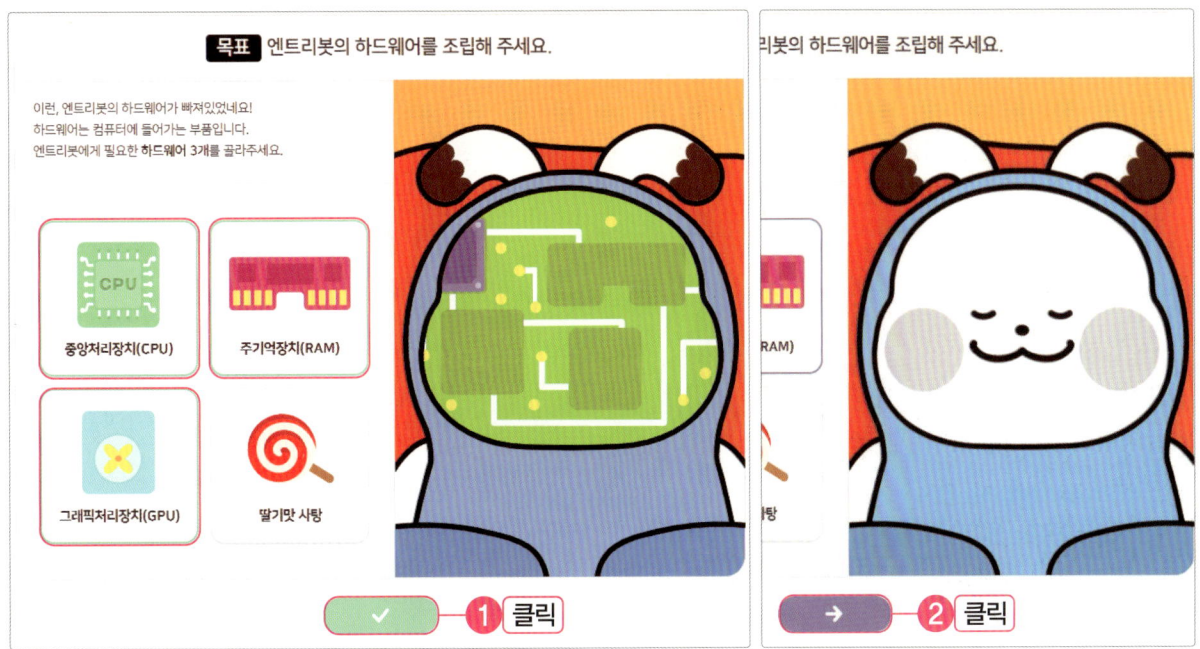

02 엔트리 블록 연결 연습하기

① 블록을 연결하는 문제의 경우 문제 해결을 위한 블록을 마우스로 드래그하여 블록과 블록이 서로 붙도록 연결한 후 [확인(✓)]을 클릭합니다. 결과가 맞으면 [다음 단계(→)]를 클릭합니다.

② 다음 단계의 [목표]와 주제 내용을 확인 및 문제를 풀어보고 [확인(✓)]을 클릭합니다. 기초 단계를 모두 풀어본 후 엔트리(entry)를 클릭하면 엔트리 홈 화면으로 이동할 수 있습니다.

※ 컴퓨터는 신호가 들어온 상태(ON)와 들어오지 않은 상태(Off)의 0 또는 1의 2가지 신호로 정보를 이해합니다.

CHAPTER 02 문제 해결 미션 수행하기

 마인크래프트의 스티브가 상자에서 보물을 찾으려고 해요.
상자까지 잘 이동할 수 있도록 프로그래밍한 블록 코드는 무엇일까요?

실행하면	실행하면	실행하면	실행하면
앞으로 이동	앞으로 이동	앞으로 이동	왼쪽 회전
앞으로 이동	왼쪽 회전	오른쪽 회전	앞으로 이동

Chapter 02 엔트리 학습하기 • 19

CHAPTER 03 창의 놀이

학습 목표

- 절차적 사고와 잘못한 실수의 해결 방법을 알아봅니다.

절차적 사고 및 디버깅

함께 요리하기

오늘은 요리하는 날~! 친구들과 샌드위치를 만들어 먹으려 해요.
재료는 엄마가 이렇게 미리 준비해 주셨네요~^^

[재료] 샌드위치 빵, 토마토, 아스파라거스, 양파, 새우, 아보카도, 상추, 새싹, 계란 후라이, 치즈, 올리브, 햄, 파프리카, 베이컨, 햄, 오이

[만들기] 나는 친구들과 함께 어떤 샌드위치를 만들까 생각했어요.

[재석]   [종국]   [하하]   [석진]

01 재석이가 샌드위치를 만들 때 아래부터 위쪽 순서로 쌓아서 만든다면 그 순서는 어떻게 될까요?

빵 > [　　] > [　　　] > [　　　] > [　　　] > 빵

02 종국이가 샌드위치를 만들다 갑자기 멈췄어요. 문제가 생겼나봐요. 어떤 문제일까요?

[　　　　　　　　　　　　　　　　　　　　　　]

03 샌드위치를 만드는 순서가 비교적 짧은 2명의 친구는 누구 일까요?

[　　　　　　　　　　　　　　　　　　　　　　]

Chapter 03  엔트리 온라인 계정 사용하기

- 엔트리 계정을 만드는 방법에 대해 알아봅니다.
- 계정을 이용한 작품 저장 방법을 알아봅니다.

배울 내용 미리보기

핵심놀이 엔트리 프로그램(playentry.org)의 작업 환경 알아보기

❶ 무대 : 프로그램이 실행되는 화면으로 장면의 추가(➕) 및 삭제(✕)와 속도 조절(⊙), 좌표 표시/숨기기(▦/▨), 확대/축소(⤢) 등을 할 수 있습니다.

❷ 오브젝트 : 무대에 표시하는 오브젝트 개체의 설정 정보를 표시/숨기기(▼/▲) 및 삭제(✕) 등을 할 수 있습니다.

❸ 블록 : 실행할 명령어 블록들을 꾸러미 형태로 표시합니다.

❹ 모양 : 오브젝트의 모양을 표시 및 추가/삭제할 수 있습니다.

❺ 소리 : 오브젝트에 지정된 소리 목록을 표시 및 추가/삭제할 수 있습니다.

❻ 속성 : 엔트리에서 사용하는 변수 및 신호, 리스트, 함수 등을 표시 및 추가/삭제할 수 있습니다.

❼ 블록 조립소 : 엔트리의 블록 명령어들을 이용하여 블록 조립소에서 서로 연결하여 프로그램을 코딩할 수 있습니다.

01 엔트리(Entry) 회원 가입으로 계정 만들기

❶ 엔트리 사이트(http://playentry.org)에서 [로그인]을 클릭한 후 [회원가입하기]를 클릭합니다.

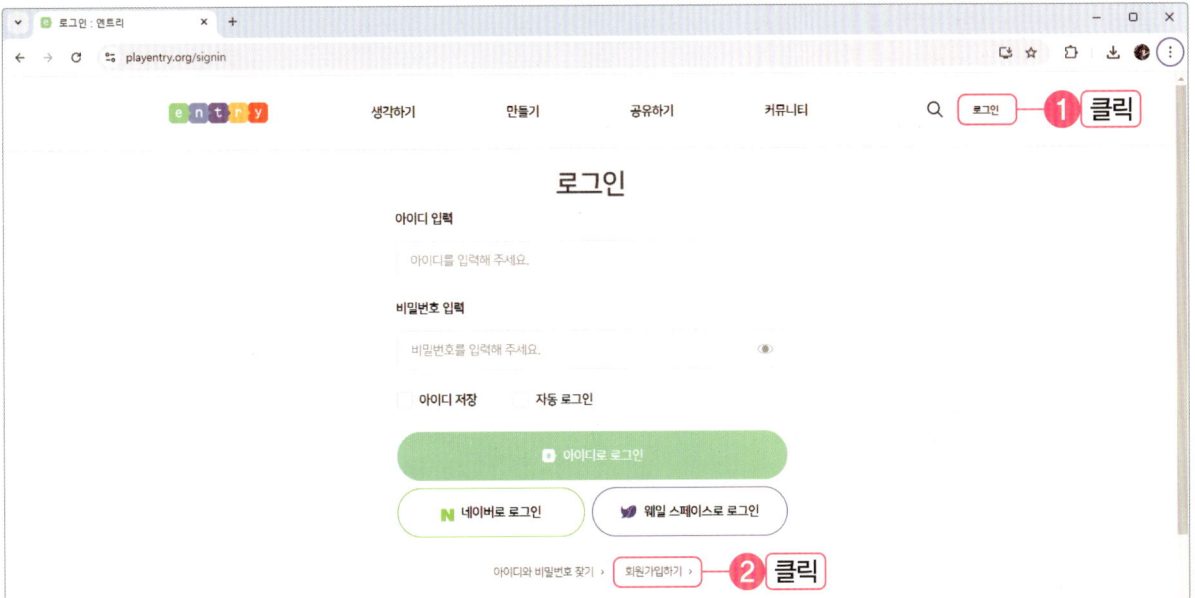

❷ [회원가입] 대화상자에서 아이디 및 비밀번호, 이메일 주소 등을 이용하여 계정을 만듭니다.

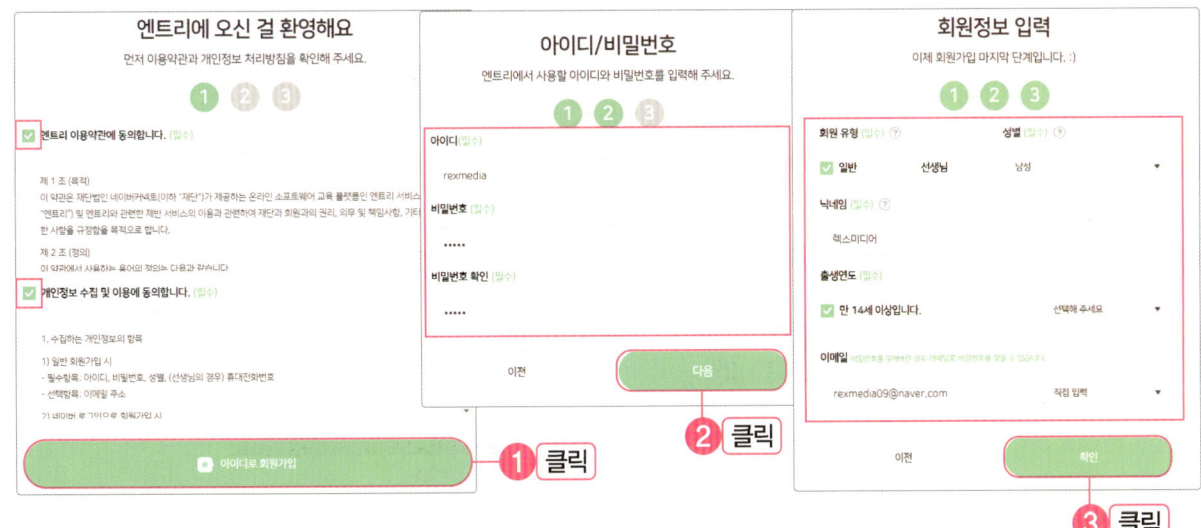

❸ 회원가입이 완료되었다는 메시지가 표시되면 [메인으로] 단추를 클릭합니다.

아이디 :

비밀번호 :

Chapter 03 엔트리 온라인 계정 사용하기 • 23

02 온라인 계정을 이용한 작품 저장 및 불러오기

1. 엔트리 홈(entry) 화면에서 [만들기]-[작품 만들기]를 클릭합니다.

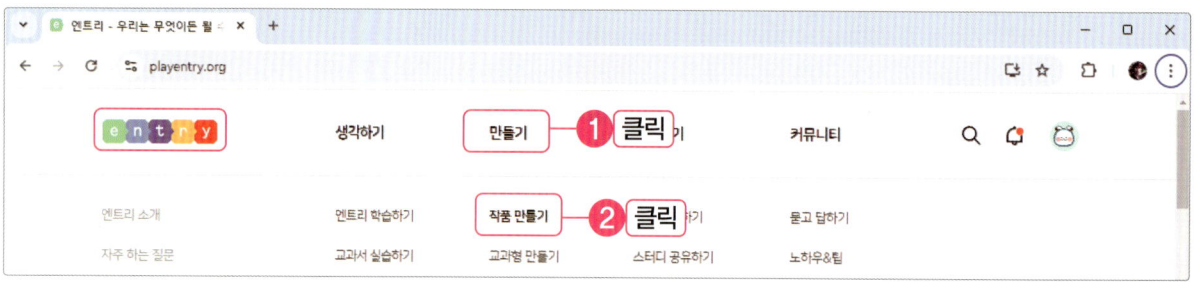

2. 처음 나타나는 작업을 그대로 저장하기 위해 이름(작품1)을 수정한 후 🗎-[저장하기]를 클릭합니다.

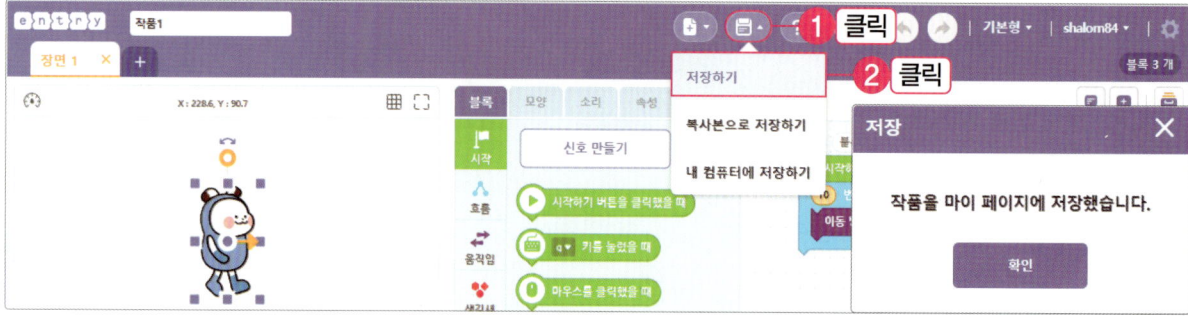

3. 계정에 저장된 작품을 불러오기 위해 🗎-[작품 불러오기]를 클릭한 후 나의 작품 목록에서 불러올 작품(작품1)을 선택한 다음 [불러오기]를 클릭하면 엔트리 작업 화면으로 불러올 수 있습니다.

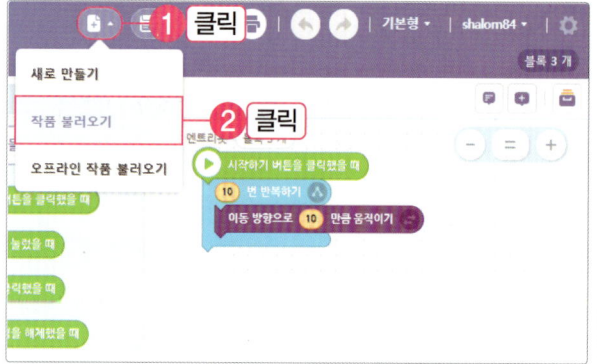 

4. 앞으로 작업한 결과는 본인의 계정에 저장하며, 필요할 때 불러와 사용합니다. 본인의 계정 이름을 클릭 후 [로그아웃]을 클릭하면 연결된 계정에서 나올 수 있습니다.

CHAPTER 03 문제 해결 미션 수행하기

미션 1 엔트리 계정에 로그인 후 작업 환경에서 무대를 확대 및 축소해 보세요.

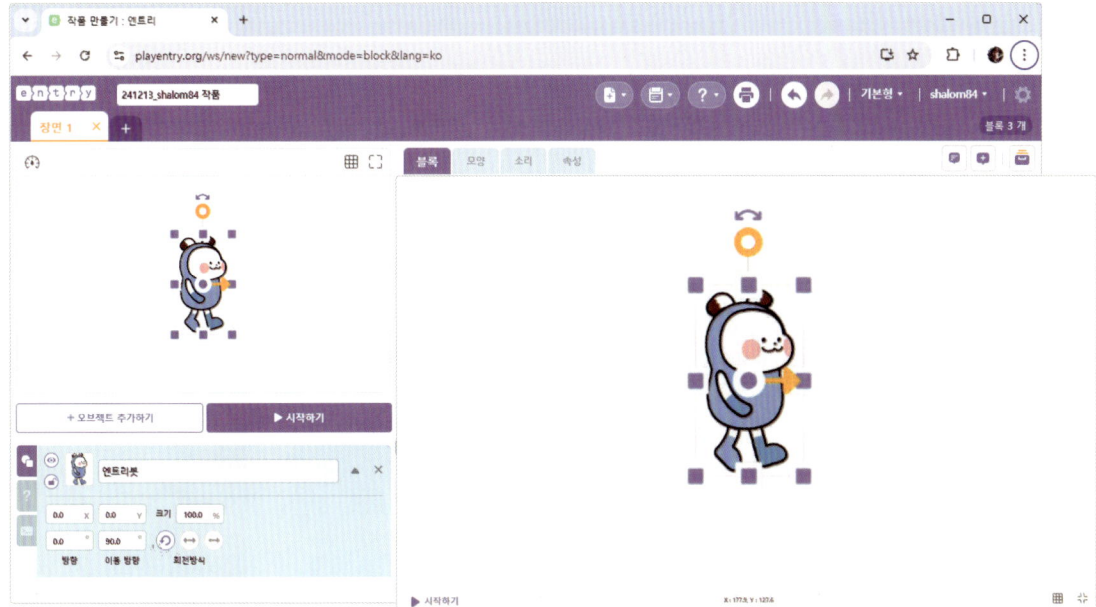

미션 2 엔트리 프로그램의 처음 상태를 그대로 '작품2' 이름으로 저장해 보세요.

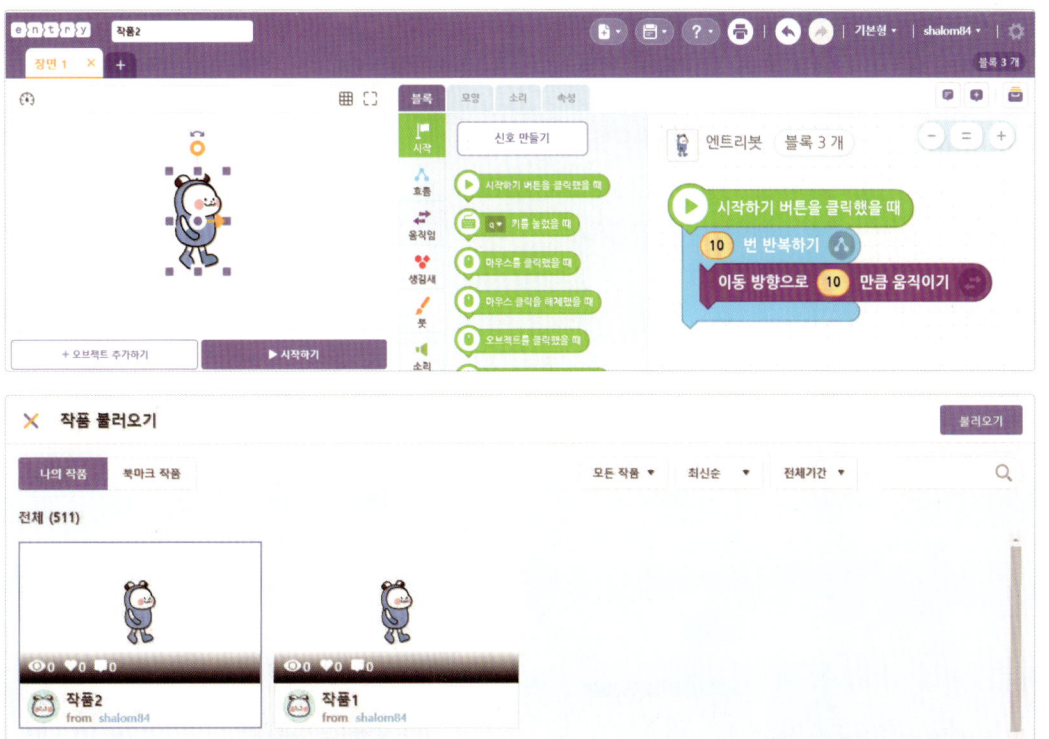

CHAPTER 04 창의 놀이

학습 목표

● 패턴을 식별하고 데이터를 체계적으로 구성하는 방법을 알아봅니다. **데이터 수집 및 패턴 인식**

분류 게임하기

오늘은 끼리끼리 짝을 지어보는 놀이를 해 볼께요.

▲ 로봇

▲ 물고기

▲ 자동차

▲ 인형

▲ 나무 기차

▲ 피젯 스피너

01 아래에 3개의 분류 바구니가 있어요. 바구니의 특징을 살펴보고 구분해서 6개의 장난감을 담아보세요.

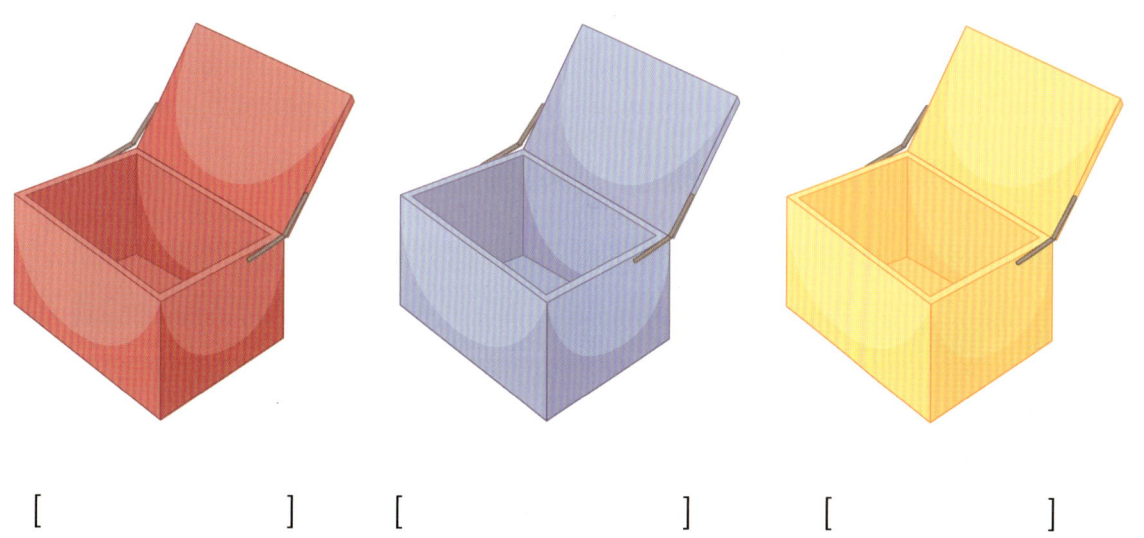

[   ]   [   ]   [   ]

02 사용하지 않는 6개의 장난감을 이제 재활용하기 위해 분리 배출하려고 해요. 아래의 분류함을 보고 장난감의 재질에 맞게 잘 분류할 수 있겠죠? ^^

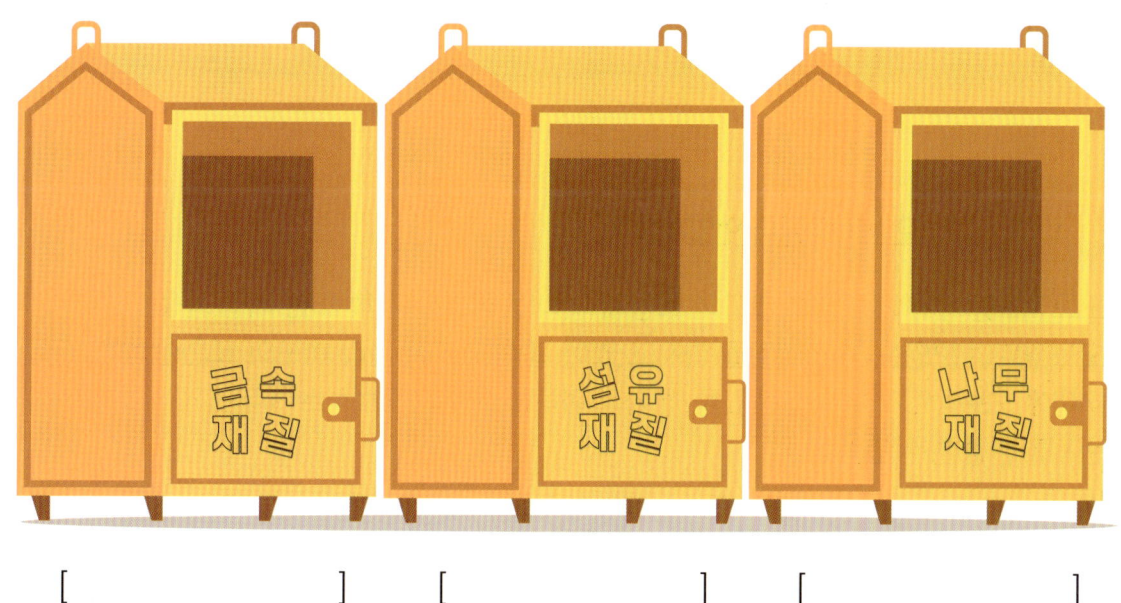

[   ]   [   ]   [   ]

Chapter 04 코딩 놀이 — 오브젝트의 추가 및 삭제하기

학습목표
- 오브젝트의 추가 방법을 알아봅니다.
- 오브젝트의 이동 및 삭제 방법을 알아봅니다.

배울 내용 미리보기

핵심놀이 — 오브젝트란 무엇일까요?

- 오브젝트는 무대에서 블록 코드의 조립에 따라 움직이는 개체 또는 배경 등을 의미합니다.
- 오브젝트의 모양은 하나 이상을 가지고 있어 블록 코드에 따라 바꾸어 표현할 수 있습니다.
- 무대에 오브젝트가 서로 겹쳐 있을 때 가장 위쪽에 표시된 오브젝트가 무대의 앞쪽에 배치되며, 순서를 변경할 수 있습니다.

01 오브젝트 추가하기

❶ 엔트리 프로그램을 시작한 후 [오브젝트 추가하기]를 클릭합니다.

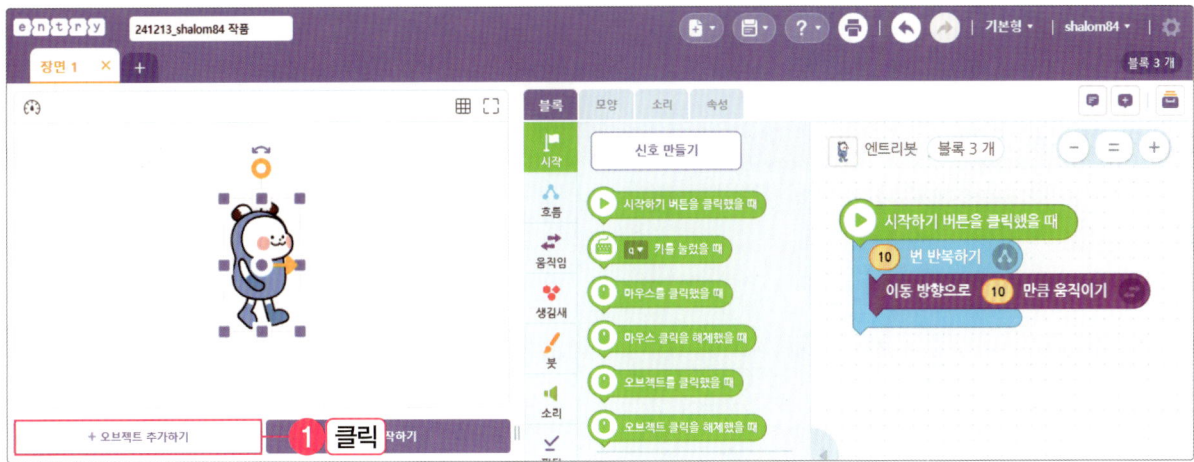

❷ [오브젝트 추가하기] 화면이 표시되면 원하는 오브젝트를 선택한 후 [적용하기] 단추를 클릭합니다.

❸ 오브젝트 목록에 추가한 오브젝트가 표시됩니다.   ※ 오브젝트의 배경은 가장 아래쪽에 배치됩니다.

Chapter 04 오브젝트의 추가 및 삭제하기 • 29

02 오브젝트의 순서 변경 및 삭제하기

❶ 오브젝트 목록에서 엔트리봇 오브젝트를 드래그하여 가장 위쪽으로 순서를 변경합니다.

❷ 엔트리봇 오브젝트의 삭제(×)를 클릭하면 해당 오브젝트가 무대 및 오브젝트 목록에서 삭제됩니다.

STOP! 여기서 잠깐!

오브젝트 이동하기
무대의 오브젝트를 선택 후 마우스 포인터 모양이 이동(✥) 모양으로 바뀔 때 드래그하면 오브젝트를 이용할 수 있습니다.

CHAPTER 04 문제 해결 미션 수행하기

미션 1 엔트리(playentry.org)에서 다음과 같이 오브젝트를 추가해 보세요.

미션 2 엔트리(playentry.org)에서 다음과 같이 오브젝트를 추가해 보세요.

Chapter 04 오브젝트의 추가 및 삭제하기 • 31

CHAPTER 05 창의 놀이

학습 목표
- 결과물에 필요한 재료 및 진행 순서 등을 알아봅니다.

자료 수집 및 절차적 사고

김밥 만들기

오늘은 우리 가족이 함께 즐거운 소풍을 가려고 합니다.
소풍에 김밥이 빠지면 안되겠죠?
아침 일찍 근처 마트에 들러 김밥을 만들기 위해 필요한 물건을 구입하려고 합니다.
김밥을 만들기 위해서는 어떤 재료가 필요할까요?

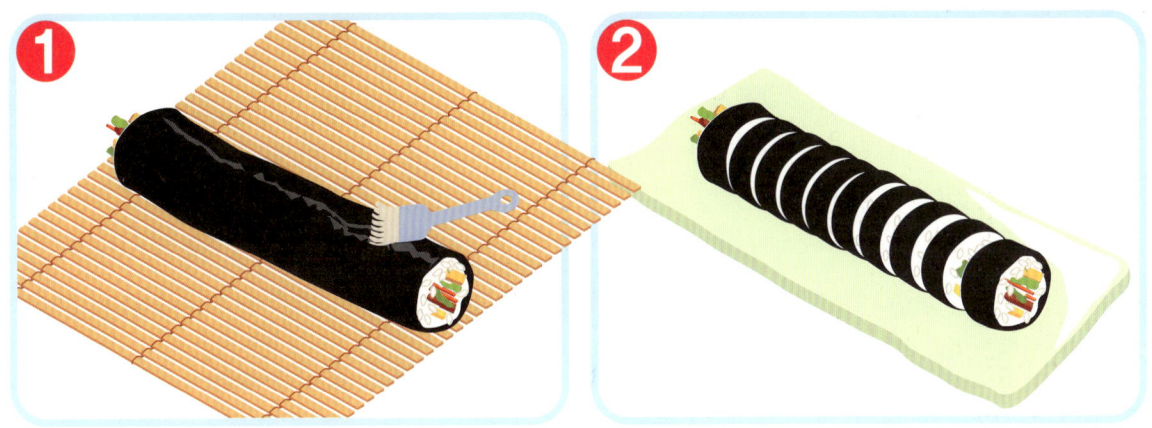

01 그림을 보고 김밥을 만들기 위한 요리 순서를 번호로 입력해 보세요.

[ ] > [ ] > [ ] > [ ] > [ ]

Chapter 05 창의 놀이 • 33

Chapter 05 코딩 놀이 - 엔트리 오브젝트 편집하기

학습목표

- 오브젝트의 크기 변경 및 회전 방법을 알아봅니다.
- 오브젝트의 이름 변경 방법을 알아봅니다.

배울 내용 미리보기

핵심놀이 — 오브젝트 자세히 알아보기

오브젝트는 다음과 같이 수정할 수 있습니다.

❶ 오브젝트 보이기/숨기기(👁/👁‍🗨)
❷ 잠금/잠금 해제(🔓/🔒)
❸ 오브젝트 이름
❹ 정보 표시/숨기기(▼/▲)
❺ 오브젝트 삭제(✕)

❻ 가로 축 좌표값
❽ 크기
❿ 이동 방향
⓫ 회전방식 : 자유회전(↻), 좌우회전(↔), 고정(→)

❼ 세로 축 좌표값
❾ 방향

34 • 창의코딩놀이 Lesson 1

01 오브젝트의 크기 변경 및 회전하기

❶ 엔트리를 시작한 후 표시된 엔트리봇 오브젝트를 클릭합니다.

❷ 엔트리 오브젝트의 크기 조절점(■)을 원하는 만큼 드래그하여 크기를 변경합니다.

❸ 엔트리봇 오브젝트의 위쪽에 표시된 회전 조절점(●)을 드래그하면 개체가 회전합니다.

02 오브젝트의 정보 수정하기

❶ 엔트리봇의 정보가 표시된 상태에서 방향(0)을 수정합니다.

❷ 같은 방법으로 오브젝트의 이름(내친구) 및 위치(X(0), Y(0)), 크기(100) 등을 수정합니다.

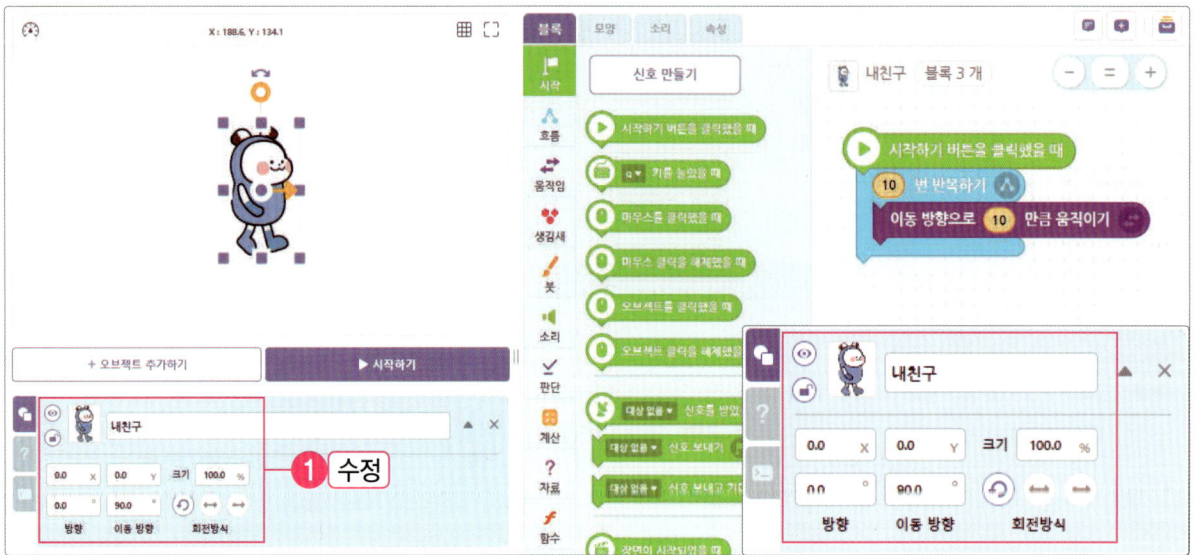

STOP! 여기서 잠깐!

무대에서의 오브젝트 위치 나타내기

무대는 기본적으로 좌표로 이루어지며 X축(가로) 방향으로 -240~240, Y축(세로) 방향으로 -135~135로 이루어져 있습니다.

오브젝트의 위치를 조정할 때는 좌표를 이용한 블록에 X, Y 값을 입력하거나 오브젝트의 정보 값을 수정하여 위치를 변경할 수 있습니다.

CHAPTER 05 문제 해결 미션 수행하기

미션 1 엔트리에서 오브젝트를 추가 후 크기 및 회전, 이름 등을 수정해 보세요.

미션 2 엔트리에서 오브젝트를 추가 후 크기 및 회전, 이름 등을 수정해 보세요.

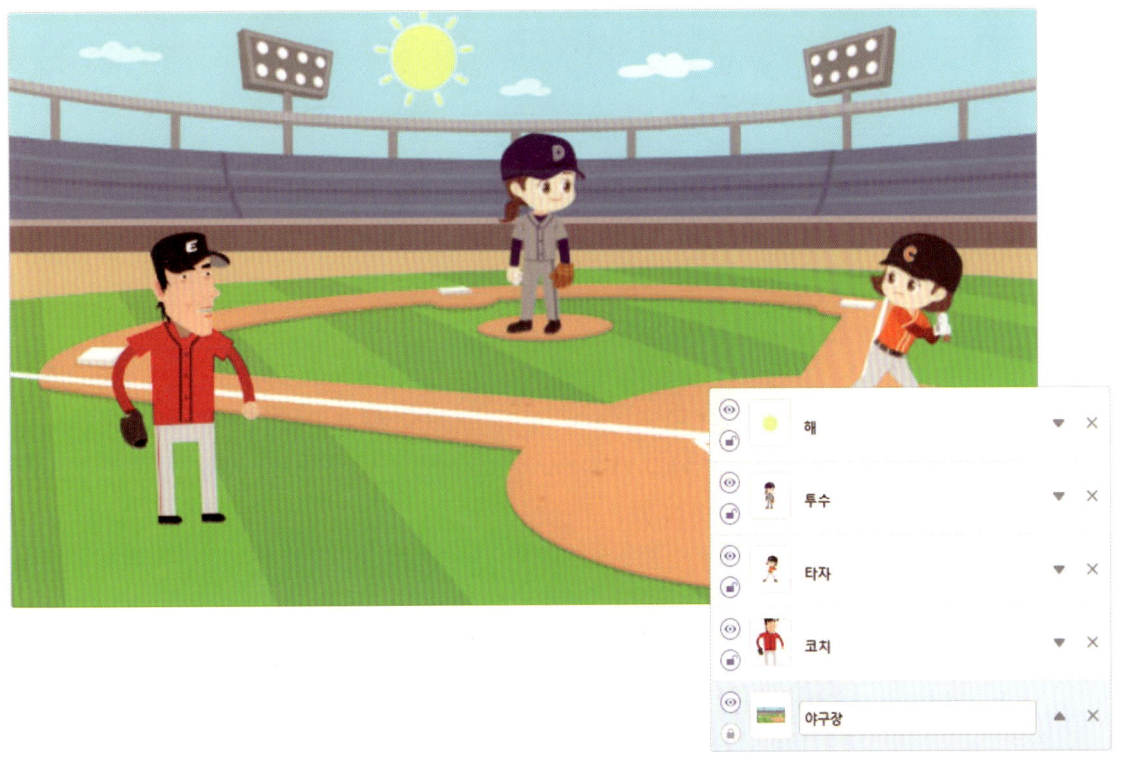

CHAPTER 06 창의 놀이

학습 목표

- 문제를 해결하는 방법과 오류를 찾아 수정하는 방법을 알아봅니다. **논리적 사고 및 디버깅**

길찾기 게임

토끼 친구가 학교에 가려고 길을 나서고 있어요. 학교까지 잘 찾아 갈 수 있도록 도와주세요.

01 학교가는 길에 여우가 너무 많아 토끼가 무서워하고 있어요. 하지만 여우 중에는 착한 여우가 있다고 하네요. 그 친구가 있는 길만 통과하면 무사히 학교까지 갈 수 있다고 해요. 그 친구는 어느 여우일까요?

친구들과 재미있게 놀았으니 이제 집에 가야겠죠?
항상 가던 길을 찾아 신나게 집으로 갑니다.

02 친구들은 그 길보다 더 짧아 집까지 빨리 갈 수 있는 길이 있다고 하네요.
어떤 길일까요? 짧은 길을 찾아 가는 길을 수정해 보세요.

Chapter 06 코딩 놀이 — 오브젝트의 모양 수정하기

학습목표
- 오브젝트의 모양 추가 방법을 알아봅니다.
- 오브젝트 모양의 순서 변경 및 이름 수정 방법을 알아봅니다.

배울 내용 미리보기

핵심놀이   오브젝트의 모양은 무엇일까요?

- 하나의 오브젝트는 보기에 하나의 고정된 모양처럼 보이지만 [모양] 탭을 클릭하면 하나 이상의 다양한 모양이 담겨있을 수 있습니다.
- 모양 목록의 원하는 모양을 선택하면 무대에 표시된 오브젝트의 모양이 변경되며, 블록 코드를 이용하여 오브젝트의 모양을 변경할 수도 있습니다.

01 오브젝트의 모양 추가하기

① 엔트리 프로그램을 시작한 후 [모양] 탭의 모양 목록에서 [모양 추가하기] 단추를 클릭합니다.

② [모양 추가] 대화상자가 표시되면 원하는 모양(걷기 앞모습_1)을 선택한 후 [추가하기]를 클릭합니다.

③ 엔트리봇 오브젝트의 모양 목록에 모양이 추가되며, 무대에 표시됩니다.

02 오브젝트 모양의 순서 변경 및 이름 바꾸기

❶ 오브젝트의 모양 목록에서 가장 아래쪽에 위치한 모양을 마우스를 이용하여 위쪽까지 드래그하면 선택한 모양이 가장 위쪽으로 순서가 변경됩니다.

❷ 모양 목록의 가장 위쪽 모양에서 이름을 클릭 후 '모양1'을 입력하여 수정합니다.

※ 오브젝트의 모양 삭제는 이름 옆에 보이는 삭제(×) 아이콘을 클릭하면 삭제할 수 있습니다.

❸ 오브젝트의 모양 이름이 수정됩니다. 같은 방법으로 다음과 같이 이름을 수정합니다.

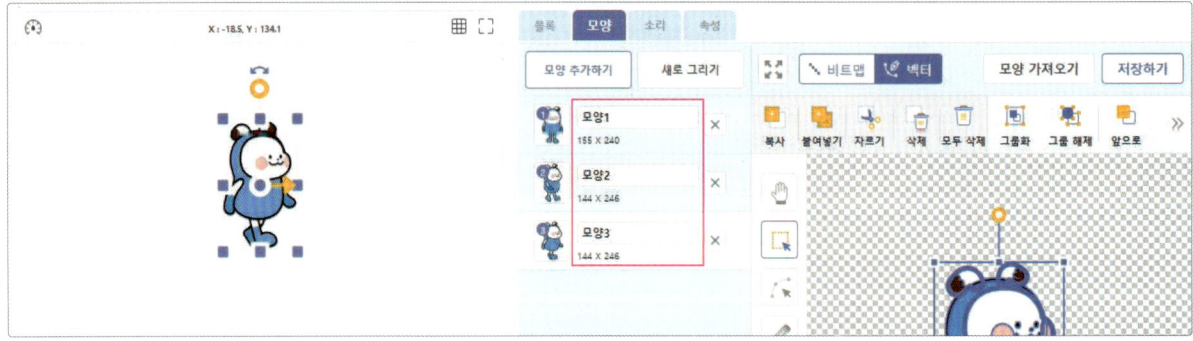

STOP! 여기서 잠깐!

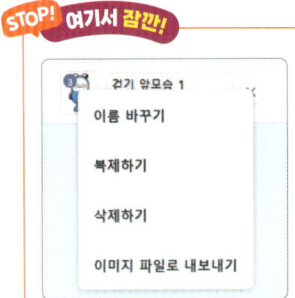

오브젝트 모양의 바로 가기 메뉴 알아보기

오브젝트 모양의 바로 가기 메뉴에는 [이름 바꾸기] 및 [복제하기], [삭제하기] 등이 있으며, 해당 모양을 컴퓨터 이미지로 저장할 수 있는 [이미지 파일로 내보내기] 등이 있습니다.

CHAPTER 06 문제 해결 미션 수행하기

미션 1 엔트리에서 다음과 같이 오브젝트를 추가해 보세요.

미션 2 모양 추가 및 순서 변경, 이름 수정 등을 이용하여 만들고 싶은 모양으로 수정해 보세요.

Chapter 06 오브젝트의 모양 수정하기 • 43

CHAPTER 07 창의 놀이

> **학습 목표**
> • 논리적 순서와 알고리즘의 개념을 알아봅니다.

알고리즘 및 논리적 사고

순서 만들기

아래에 여러 장의 스토리 카드가 있어요.

01 아침에 일어나서 학교 갈 때 까지의 준비 과정을 올바른 순서로 만들어 보세요.

[　　] > [　　] > [　　] > [　　]

순서도 배우기

순서도란 컴퓨터로 처리하고자 하는 문제를 분석해서 그 처리 순서를 약속된 기호를 이용하여 알기 쉽게 나타낸 그림을 말해요.
순서도의 처리를 의미하는 기호는 네모 모양(□)으로 나타내죠~^^
그럼 아침에 일어나서 학교 갈 때 까지의 준비 과정을 약속 된 기호 안에 넣어 처리 순서를 만들어 보세요.

[처리 내용]
'학교가기', '일어나기', '아침밥 먹기', '양치 및 세수하기'

[순서도 만들기]
02 순서도 안의 빈 칸에 처리 내용을 넣어보세요.

Chapter 07 코딩 놀이  오브젝트의 모양 편집하기

학습목표

- 오브젝트의 모양을 편집하는 방법에 대해 알아봅니다.
- 수정한 모양을 저장하는 방법에 대해 알아봅니다.

배울 내용 미리보기

핵심놀이 오브젝트의 모양 편집기 알아보기

- 기존 모양에 새로운 모양을 가져와 추가할 수 있습니다.
- 모양을 새로 그릴 수 있습니다.
- 모양 편집은 비트맵 방식과 벡터 방식이 있습니다.
- 모양 수정 후 반드시 [저장하기]로 저장해야 합니다.

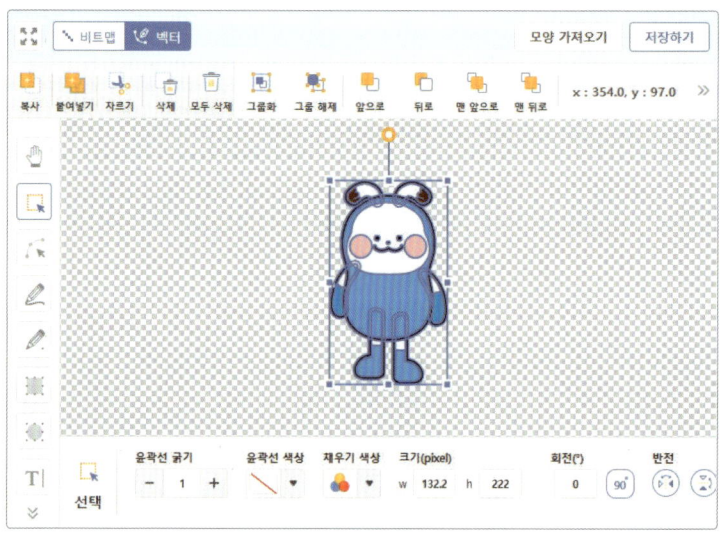

46 • 창의코딩놀이 Lesson 1

01 오브젝트의 모양 가져오기

❶ 엔트리 프로그램을 시작한 후 다음과 같이 오브젝트를 추가합니다.

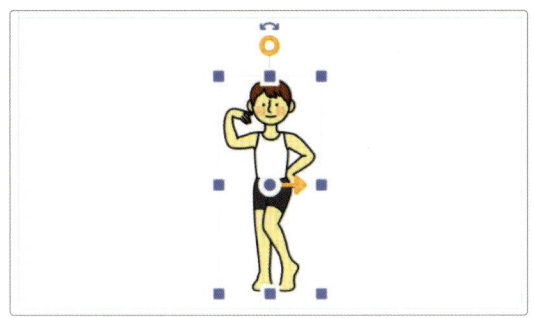
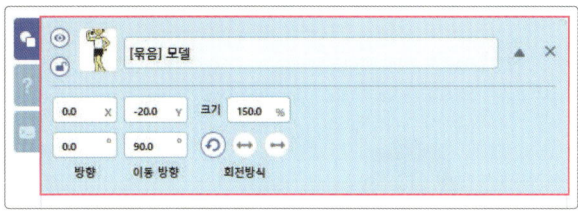

※ 새로운 오브젝트([묶음] 모델)를 추가한 후 기존의 엔트리봇 오브젝트는 삭제(✖)를 눌러 제거합니다.

❷ [묶음] 모델 오브젝트의 [모양] 탭-[모델_1] 모양이 선택된 상태에서 [모양 가져오기]를 클릭합니다.
[모양 가져오기] 화면에서 원하는 모양(모자(14)_1)을 선택하고 [추가하기]를 클릭합니다.

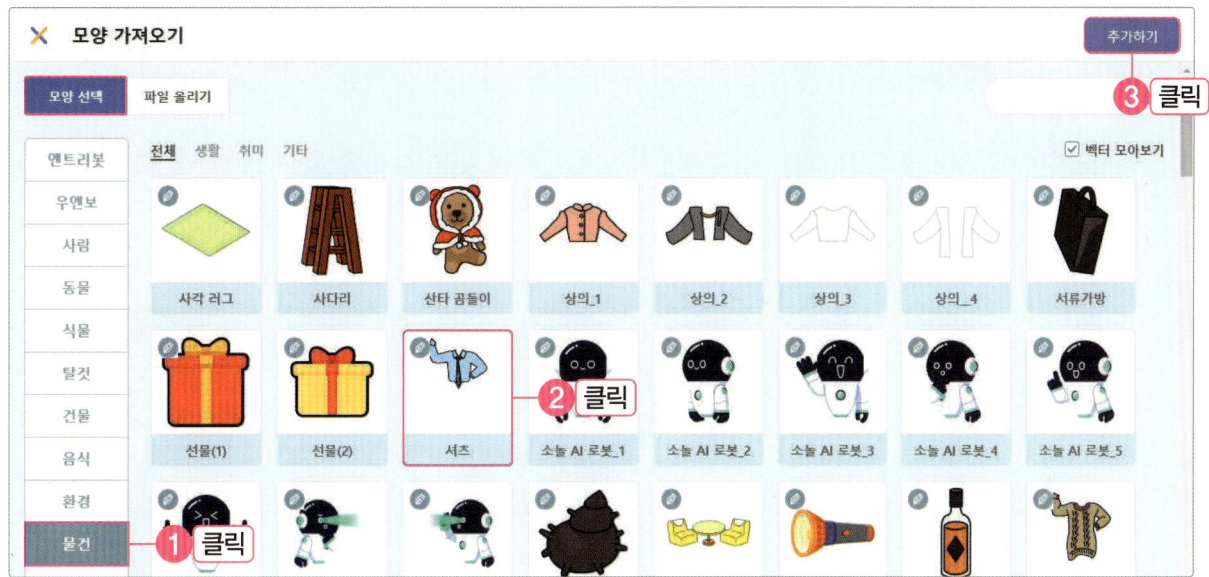

❸ 모양이 추가되면 크기 조절점(■)을 드래그하여 크기 조절 후 몸에 맞도록 드래그하여 이동합니다.
같은 방법으로 [모양 가져오기]를 통해 [바지(1)_1] 모양을 가져와 그림과 같이 배치합니다.

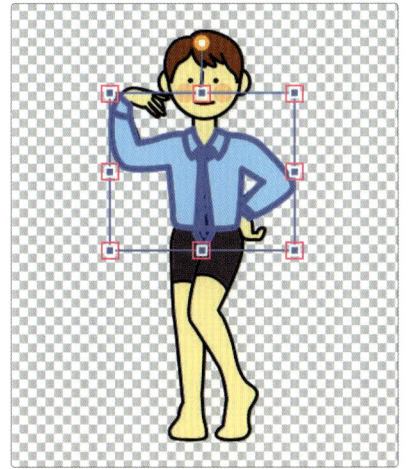

02 오브젝트의 모양 편집 및 저장하기

❶ 셔츠의 넥타이를 맨 앞에 표시하기 위해 선택 후 [맨 앞으로]를 클릭합니다. 넥타이가 맨 앞으로 이동됩니다.

❷ 모든 모양을 하나로 묶기 위해 빈 공간에서 드래그하여 모든 모양을 선택 후 [그룹화]를 클릭합니다.

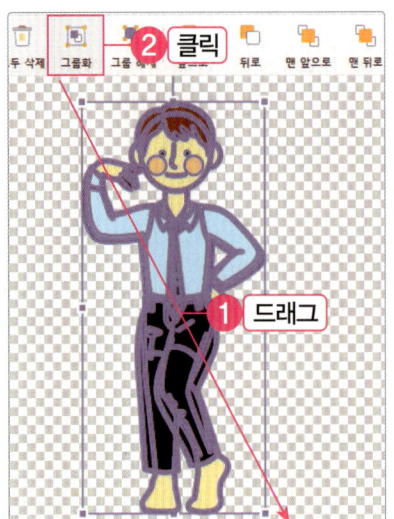  

❸ 완성된 모양을 저장하기 위해 [저장하기]-[새 모양으로 저장하기]를 클릭합니다. 모양이 저장되면 이름(모델_3)을 수정하고 무대에서 모양을 확인합니다.

CHAPTER 07 문제 해결 미션 수행하기

 엔트리에서 [묶음] 모델 오브젝트를 가져와 원하는 모양을 만들고 '모델_4'로 저장해 보세요.

 엔트리에서 [묶음] 모델 오브젝트를 가져와 원하는 모양을 만들고 '모델_5'로 저장해 보세요.

CHAPTER 08 창의 놀이

> **학습 목표**
> • 추상화와 논리적 문제 해결 방법을 알아봅니다.

추상화 및 문제 해결 능력

물건 찾기

미술 학원에 갈 시간이 되었어요. 미술 도구를 챙겨 학원에 가볼까요?

01 미술 학원에 가기 위해 가방에 필요한 도구를 넣어 가려고 할 때 꼭 필요한 도구는 무엇일까요? 필요한 도구를 찾아 묶어 주세요.

미술 학원에 갈 때 필요한 도구를 식별하고 방해 요소를 무시하는 것을 추상화라고 해요.

02 재석이는 친구들과 해변에 가서 수영을 하며 재미있는 시간을 보내려고 합니다. 아래에 있는 다양한 물품 중에서 꼭 필요한 물품 1개만 가져가야 한다면 어떤 물품을 가져가야 할까요?

03 위의 그림 중에서 썬 크림을 많이 사용하는 계절과 가장 거리가 먼 물품은 어떤 것일까요?

Chapter 08 코딩 놀이

블록 코드 알아보기

> **학습목표**
> - 블록 코드의 형태에 따른 종류를 알아봅니다.
> - 블록 코드의 도움말 사용 방법을 알아봅니다.

배울 내용 미리보기

핵심놀이 · 블록 모양으로 알아보는 엔트리 명령어 살펴보기

- **시작 블록( )**: 만들어 놓은 블록 코딩 프로그램을 시작하라고 신호를 보내는 것입니다.
- **명령어 블록( )**: 실행하고자 하는 명령어가 담긴 블록으로 서로 연결해서 사용합니다.
- **비교 블록(만일 참 (이)라면)**: 판단에 사용하는 블록( )을 끼워 넣어 조건을 만들고 조건을 만족하거나 만족하지 않을 때 연결된 블록을 실행합니다.
- **반복 블록(10 번 반복하기)**: 계속 반복하거나 직접 횟수를 입력 또는 인수 블록( )을 사용하여 특정 횟수 등을 지정하고 해당 횟수 동안 반복하여 연결된 블록을 실행합니다.
- **판단 블록( )**: 혼자는 사용할 수 없고 비교 블록 등의 명령어 블록 안의 모양이 육각형 모양일 때 끼워 넣어 사용할 수 있습니다.
- **인수 블록( )**: 혼자는 사용할 수 없고 반복 블록 등의 명령어 블록 안의 모양이 둥근원형 모양일 때 끼워 넣어 사용할 수 있습니다.

01 블록 코드의 형태에 따른 종류 알아보기

시작 블록( )
프로그램의 시작을 알리는 블록으로 [시작] 꾸러미에 있습니다.

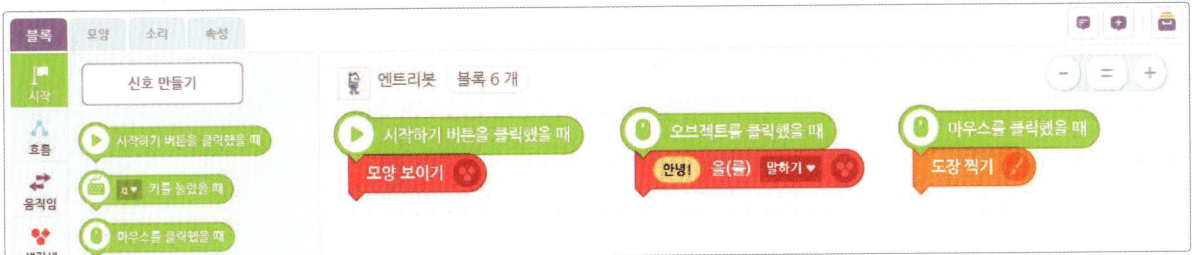

명령어 블록( )
실행하고자 하는 명령어가 담긴 블록으로 [시작]/[흐름]/[움직임]/[생김새]/[붓]/[소리]/[판단]/[계산] 등 많은 꾸러미에 있습니다.

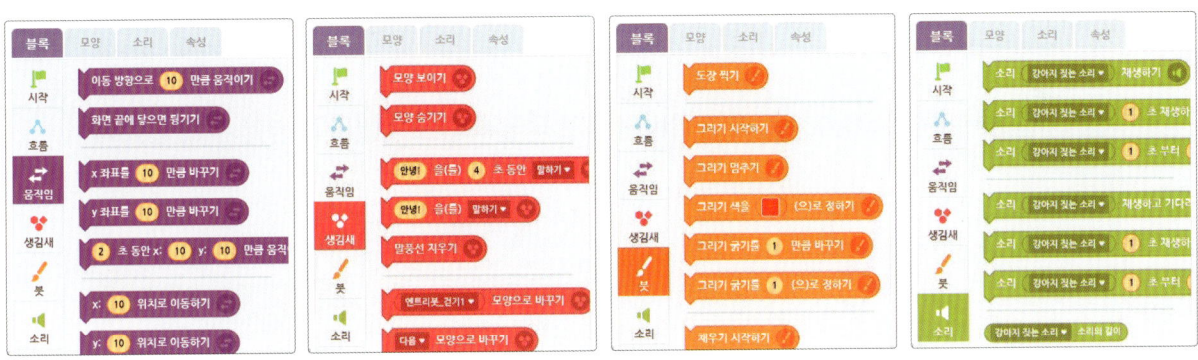

비교 및 반복 블록(/ /)
비교하여 조건에 따라 실행하거나 반복 횟수 등을 지정하여 명령을 실행하는 블록으로 [흐름] 및 [판단]/[계산] 등의 꾸러미 블록을 사용합니다.

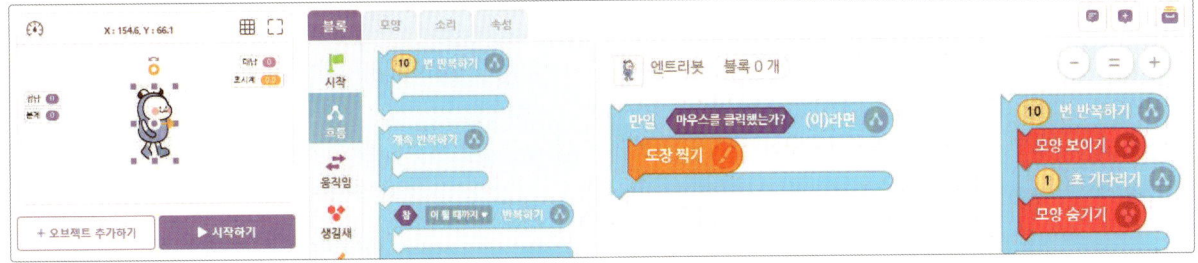

판단 및 인수 블록(/)
혼자 사용할 수 없고 명령어 및 조건, 반복 블록 등에 포함하여 사용하는 블록입니다(끼우는 모양 구분).

Chapter 08 블록 코드 알아보기 • 53

02 블록 도움말 사용하기

❶ 오브젝트 영역에서 [도움말(?)]을 클릭합니다.

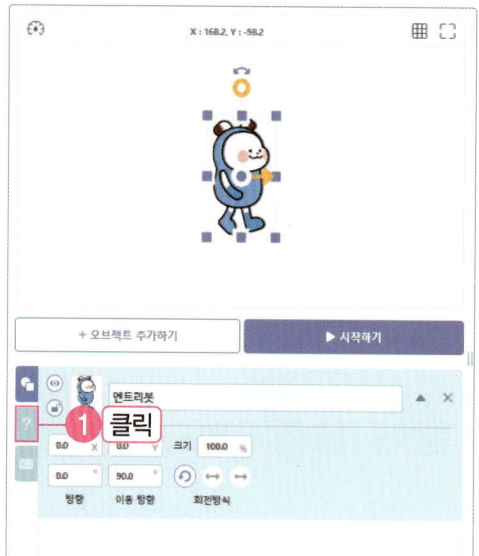 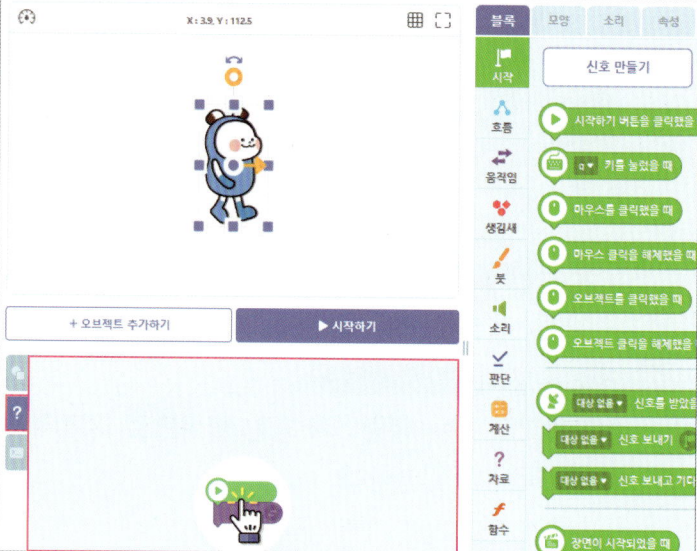

❷ [블록] 탭에서 설명이 필요한 블록을 클릭하면 해당 블록의 도움말을 확인할 수 있습니다.

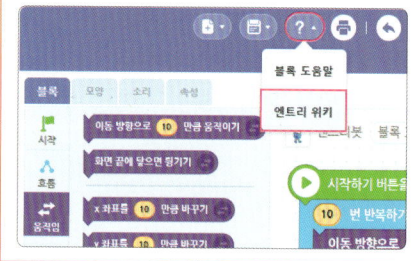

엔트리 위키 활용하기

엔트리 위키는 엔트리 블록 코딩 프로그램의 모든 도움말 정보를 제공하는 페이지로 [도움말(?▼)]-[엔트리 위키]를 클릭하면 확인할 수 있습니다.

CHAPTER 08 문제 해결 미션 수행하기

미션 1 아래의 블록 코드를 이용하여 다음 물음에 답해 보세요.

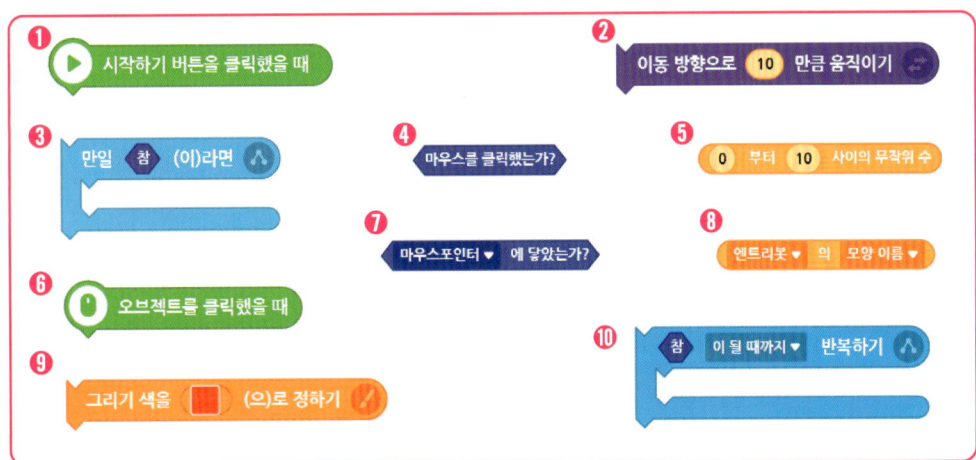

[1] 가장 위쪽에 나오는 블록으로 시작을 나타내는 블록은 무엇일까요? [   ]

[2] 명령어 블록으로 실행하고자 하는 명령어가 담긴 블록은 무엇일까요? [   ]

[3] 비교 블록으로 특정 조건을 만들 때 사용하는 블록은 무엇일까요? [   ]

[4] 판단 블록으로 혼자는 사용할 수 없고 비교 블록 안에 끼워 넣어 조건을 만들 때 사용하는 블록은 무엇일까요? [   ]

[5] 인수 블록으로 혼자는 사용할 수 없고 반복 블록이나 명령어 블록 안에 끼워 넣어 사용할 수 있는 블록은 무엇일까요? [   ]

미션 2 아래 보기의 블록에 해당하는 도움말을 확인하여 그 내용을 적어보세요.

CHAPTER 09 창의 놀이

> **학습 목표**
> • 패턴을 인식하고 순서에 따른 반복 동작을 알아 봅니다.

패턴인식 및 알고리즘

댄스 동작

지효는 친구들과 댄스 활동 모임에 가는 것을 좋아해요.
그런데 친구들에 비해 춤의 패턴을 외우는 것이 너무 어렵나봐요.
우리가 지효를 위해 반복되는 패턴을 알려주면 어떨까요? ^^

이번에 준비하는 댄스는 아래 그림처럼 5가지 동작으로 되어 있어요.
반복하여 노래에 맞춰 동작을 합니다.

지효가 어느 부분에서 동작을 잊었나봐요.
여러분이 어떤 동작인지 알려주세요.

01 빨간 네모 안에 들어갈 동작은 무엇인가요? 동작에 동그라미를 그려보세요.

Chapter 09 창의 놀이 • 57

Chapter 09 코딩 놀이
오프라인 작품 불러오기 및 내 컴퓨터에 저장하기

학습목표
- 저장된 엔트리 작품을 불러오는 방법에 대해 알아봅니다.
- 엔트리 작품을 내 컴퓨터에 저장하는 방법에 대해 알아봅니다.

배울 내용 미리보기

핵심놀이 오프라인 작품 불러오기 및 내 컴퓨터에 저장하기

오프라인 작품 불러오기
① -[오프라인 작품 불러오기]를 클릭합니다.
② [열기] 대화상자에서 폴더 위치 및 작품을 선택합니다.

내 컴퓨터에 저장하기
① -[내 컴퓨터에 저장하기]를 클릭합니다.

01 오프라인 작품 불러오기

① 엔트리 계정에 로그인한 후 -[오프라인 작품 불러오기] 메뉴를 클릭합니다.

② [열기] 대화상자가 표시되면 폴더 위치(09장 〉 불러올파일) 및 작품 이름(작품1)을 선택한 다음 [열기]를 클릭합니다.

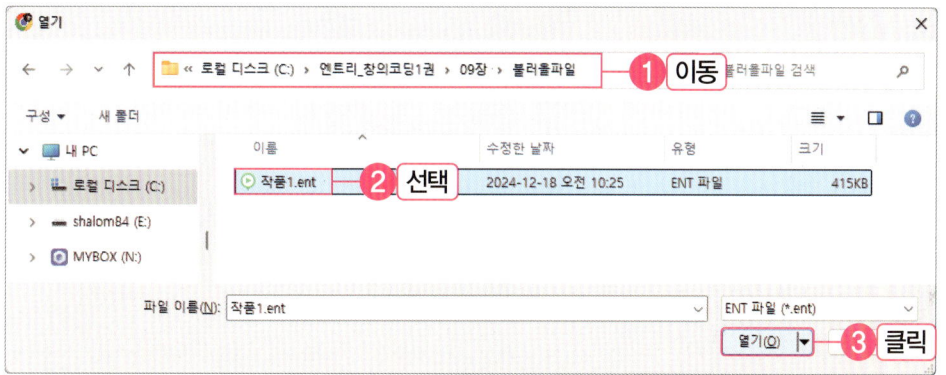

③ 온라인 엔트리 프로그램에서 선택한 작품(작품1)이 열립니다.

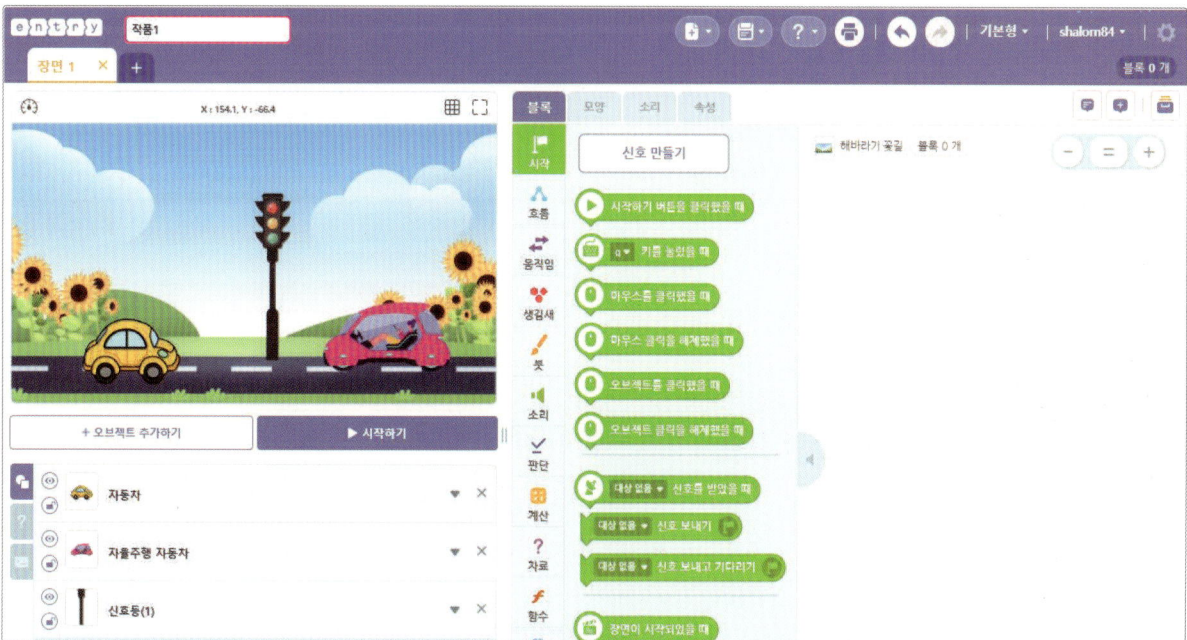

02 내 컴퓨터에 저장하기

① 작품 이름(작품2)을 수정한 후 📄▾-[내 컴퓨터에 저장하기] 메뉴를 클릭합니다.

② 온라인 엔트리 화면 오른쪽 위에 다운로드된 파일이 표시됩니다. 마우스 포인터를 이동하여 [폴더 열기(📁)]를 클릭합니다.

③ [다운로드] 폴더에 온라인에서 저장한 엔트리 작품(작품2)이 저장되어 표시됩니다.

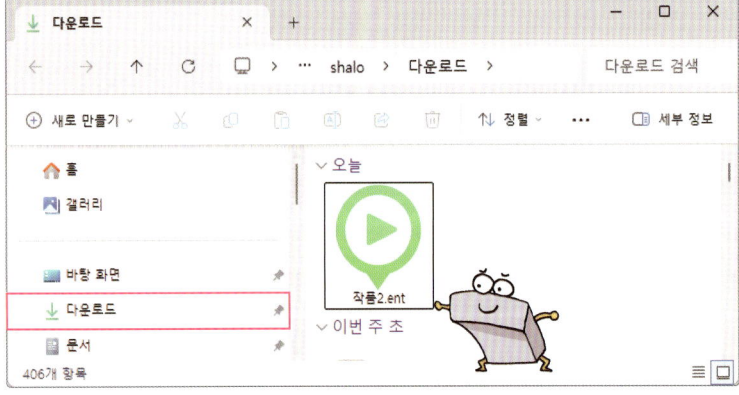

저장할 때 작품의 이름은 찾기 쉬운 이름으로 만드는 것이 좋아요.

CHAPTER 09 문제 해결 미션 수행하기

미션 1 온라인 엔트리(playentry.org)에서 '경복궁' 작품을 불러와 보세요.

미션 2 불러온 작품에 2개의 오브젝트를 추가하고 모양을 변경 후 '경복궁_수정'으로 저장해 보세요.

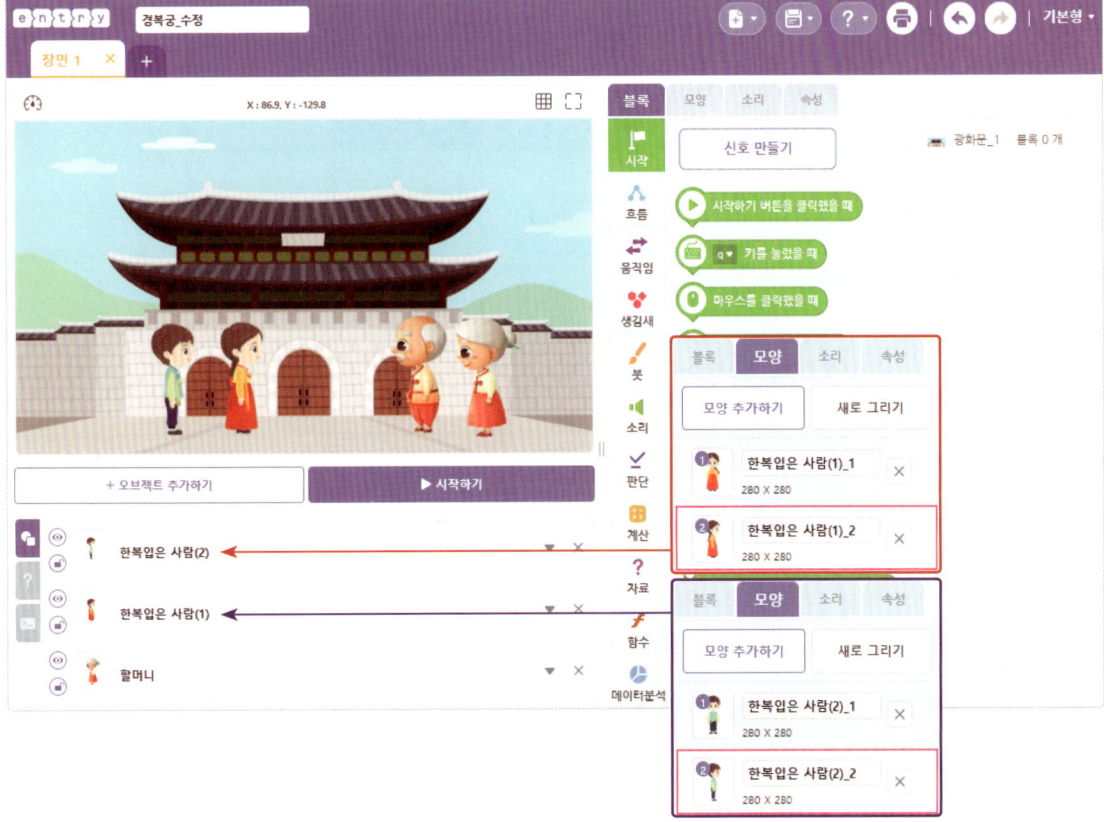

CHAPTER 10 창의 놀이

학습 목표

- 알고리즘을 이용한 코딩의 기초 개념을 알아봅니다.

알고리즘 및 코딩 기초

[샘플] 공간 프로그래밍

아래의 보기는 그림을 프로그램으로 바꾸는 방법을 설명한 내용입니다.

[Start] 위치를 시작으로 이동을 해당 방향(>, <, ∧, ∨)으로 적고 파란색이 칠해진 공간을 색칠하기(卌)로 적어 그림 내용을 프로그램으로 만들어 보세요.

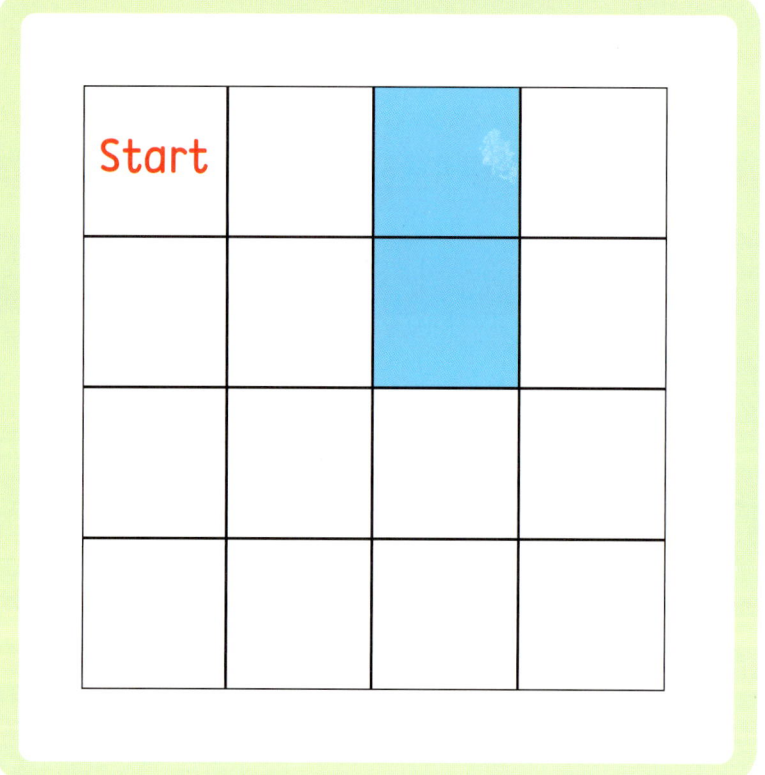

[프로그램]

Start   >   >   卌   ∨   卌

공간 프로그래밍

01 아래의 그림을 보고 프로그램을 만들어 보세요.

[Start] 위치를 시작으로 이동을 해당 방향(>, <, ∧, ∨)으로 적고 빨간색이 칠해진 공간을 색칠하기(▦)로 적어 그림 내용을 프로그램으로 만들어 보세요.

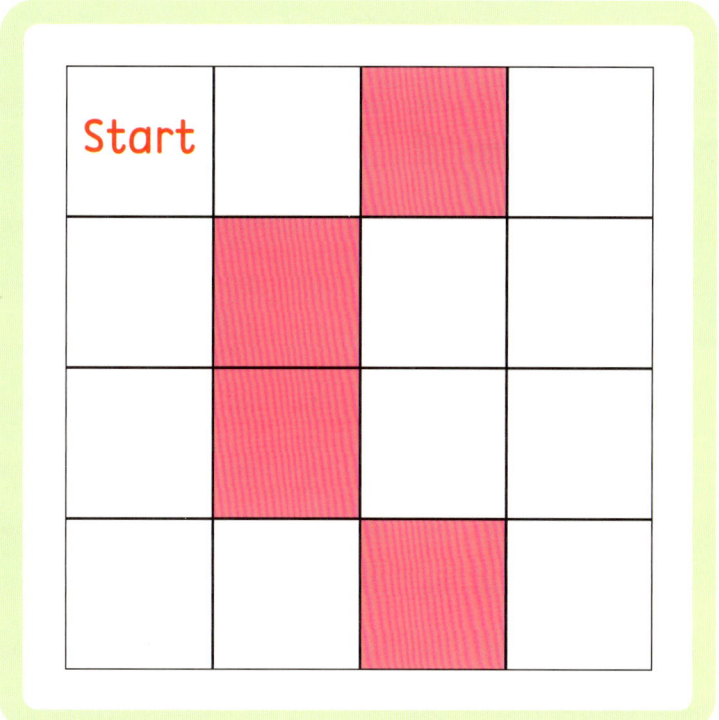

[프로그램]

Start

Chapter 10 창의 놀이 • 63

Chapter 10 코딩 놀이

이벤트 알아보기

학습목표
- 이벤트 블록의 사용 방법에 대해 알아봅니다.
- 시작하기 블록을 클릭했을 때와 오브젝트를 클릭했을 때 이벤트를 만들어 봅니다.

배울 내용 미리보기

핵심놀이 이벤트 알아보기

- 무대에 표시된 오브젝트가 반응하도록 하기 위해 만드는 블록을 의미합니다.
- 레고 블록과 같은 명령어 블록을 쌓아서 만듭니다.
- 엔트리는 시작하기 버튼을 클릭했을 때 이벤트가 시작됩니다.

01 시작하기 버튼을 클릭했을 때 이벤트 블록 연결하기

① 엔트리 계정에 로그인한 후 ▣-[오프라인 작품 불러오기] 메뉴를 클릭합니다. [열기] 대화상자에서 저장 위치(10장 〉 불러올파일) 및 작품 이름(복도)을 선택한 후 [열기]를 클릭합니다.

② [창문] 오브젝트를 선택 후 [블록] 탭-[시작] 꾸러미에서 `시작하기 버튼을 클릭했을 때` 블록을 드래그하여 블록 조립소로 이동합니다.

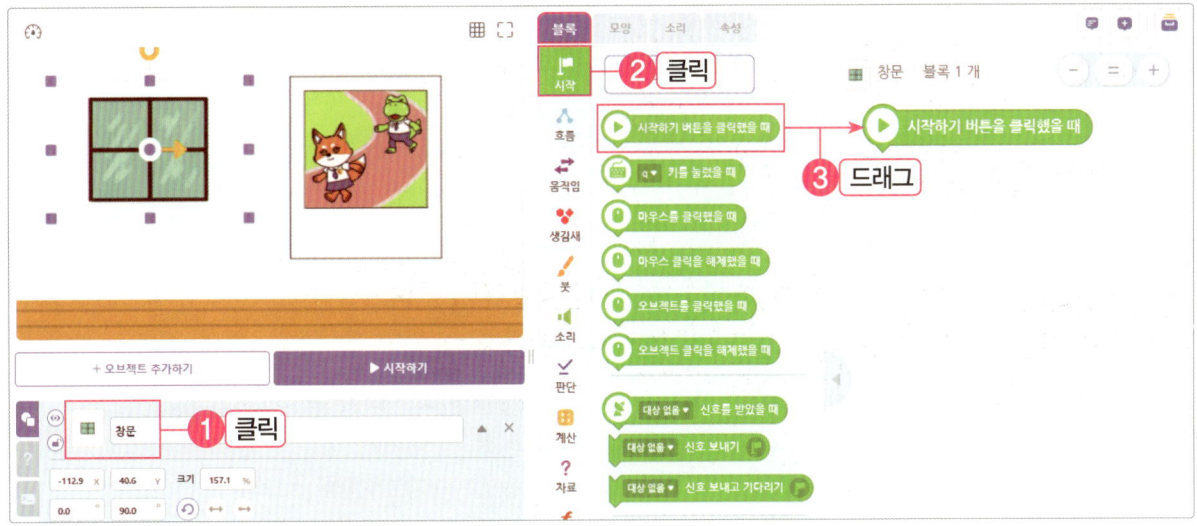

③ [생김새] 꾸러미의 `창문_열림▼ 모양으로 바꾸기` 블록을 드래그하여 `시작하기 버튼을 클릭했을 때` 블록과 서로 연결합니다.

Chapter 10 이벤트 알아보기 • 65

02 마우스로 오브젝트를 클릭했을 때 이벤트 블록 연결하기

❶ [폴라로이드] 오브젝트를 선택 후 [블록] 탭-[시작] 꾸러미에서 `오브젝트를 클릭했을 때` 블록을 드래그하여 블록 조립소로 이동합니다.

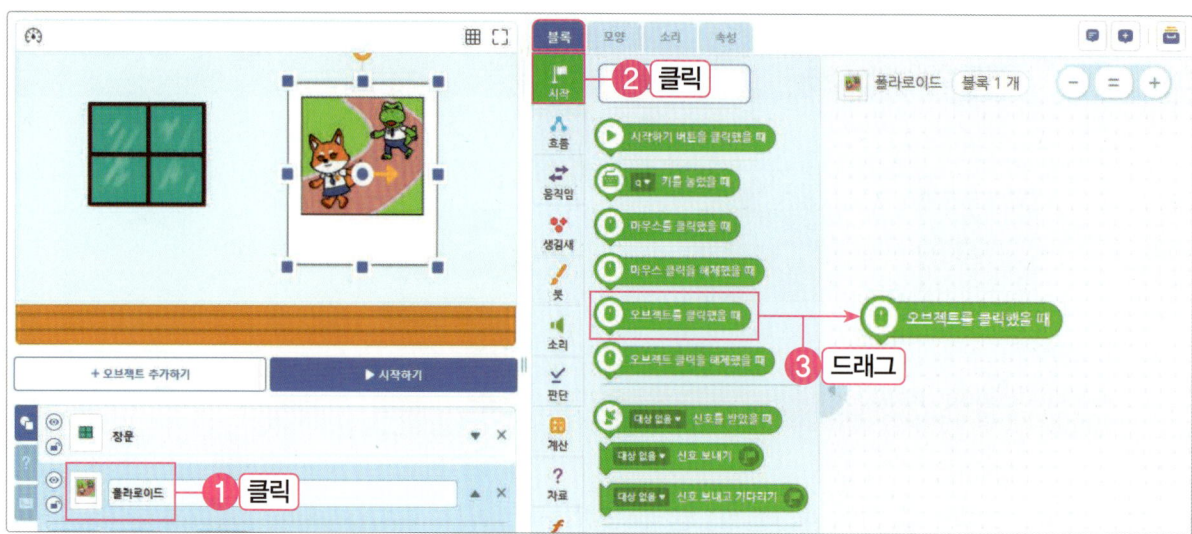

❷ [생김새] 꾸러미에서 `다음▼ 모양으로 바꾸기` 블록을 드래그하여 `오브젝트를 클릭했을 때` 블록과 서로 연결한 후 완성된 작품을 실행해 보기 위해 [시작하기]를 클릭합니다.

❸ 시작과 함께 창문이 열리며, 폴라로이드 오브젝트를 클릭할 때마다 다른 사진이 표시됩니다. [정지하기]를 클릭하면 실행을 종료할 수 있습니다.

CHAPTER 10 문제 해결 미션 수행하기

미션 1 '생일파티' 작품을 열고 생일파티 오브젝트에 다음과 같이 블록을 연결해 보세요.

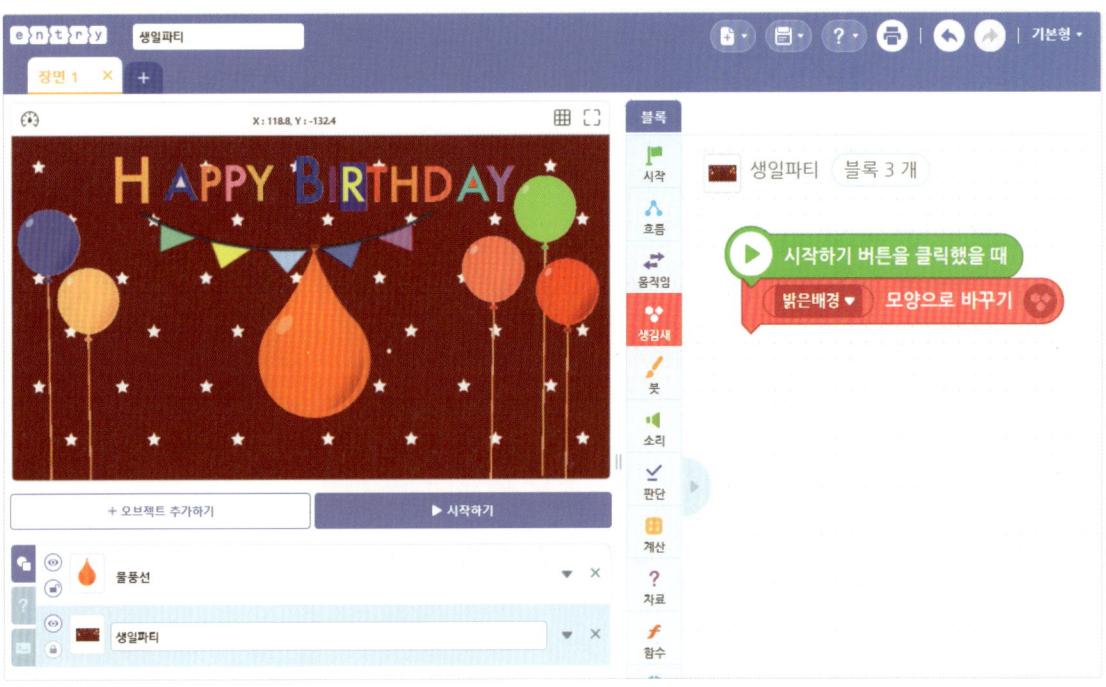

미션 2 물풍선 오브젝트에 다음과 같이 블록을 연결해 보세요.

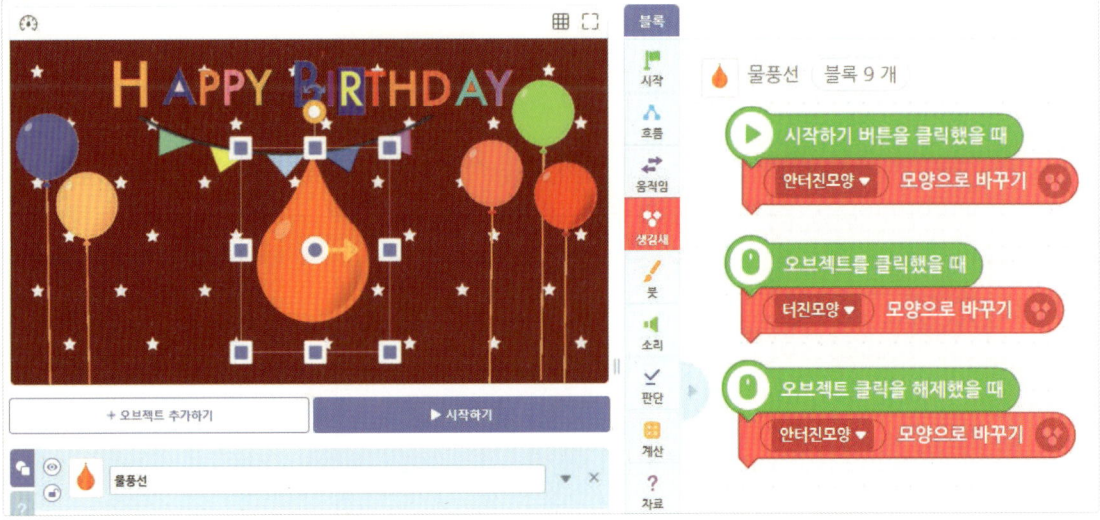

미션 3 작품을 실행해 보고 생일파티 및 풍선 오브젝트의 블록 코딩을 모르는 친구에게 설명해 보세요.

CHAPTER 11 창의 놀이

학습 목표

• 패턴을 인식하고 순서에 따른 반복 동작을 알아봅니다.

`패턴인식 및 알고리즘`

[샘플] 색칠 프로그래밍

아래의 보기는 프로그램을 그림으로 바꾸는 방법을 설명한 내용입니다.
[Start] 위치를 시작으로 이동을 해당 방향(>, <, ∧, ∨)과 색칠하기(卌)를 사용하여 그림을 만들어 보세요.

[프로그램]

Start   >   >   卌   ∨   <   卌

색칠 프로그래밍

01 아래의 프로그램을 보고 공간에 맞게 색칠해 보세요.

[Start] 위치를 시작으로 이동을 해당 방향(>, <, ∧, ∨)과 색칠하기(卌)를 사용하여 그림을 만들어 보세요.

[프로그램]

Start ∨ > 卌 ∨ > 卌 ∨ > 卌

Chapter 11 창의 놀이

Chapter 11 코딩 놀이 — 키보드를 이용한 이벤트 만들기

학습목표
- 키보드의 특정 키를 눌렀을 때 이벤트를 만들어 봅니다.
- 위치 이동 블록의 사용 방법에 대해 알아봅니다.

배울 내용 미리보기

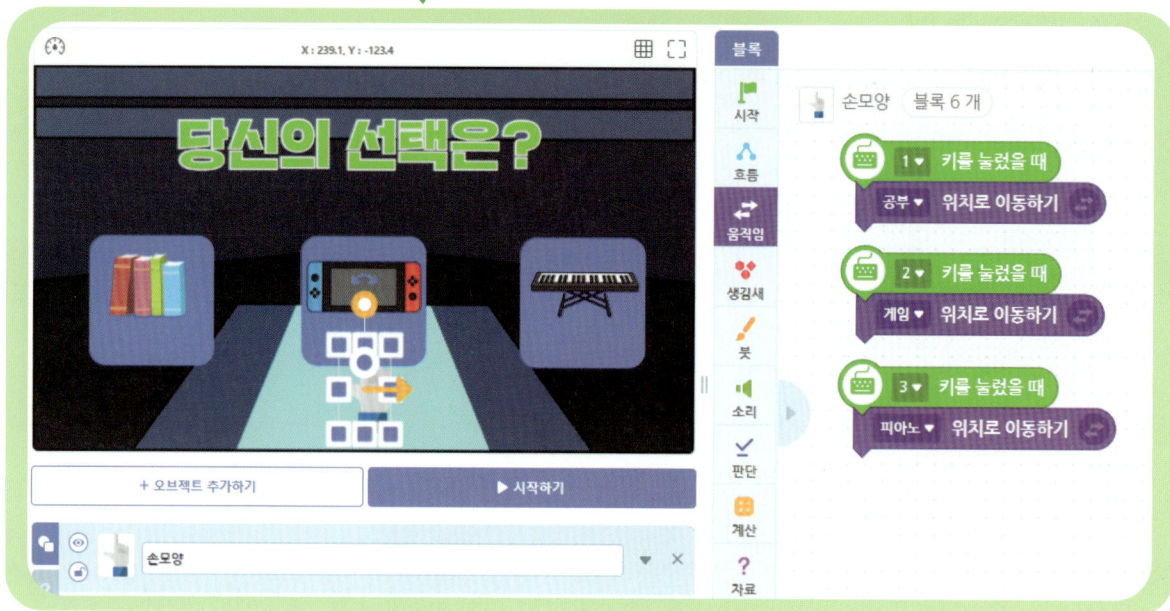

핵심놀이 키보드의 특정 키를 눌렀을 때 이벤트 만들기

① [시작] 꾸러미의 ![키를 눌렀을 때] 블록을 드래드하여 블록 조립소로 이동합니다.

② 블록 안의 [q▼]를 클릭 후 지정하고자 하는 키보드의 키를 누르거나 키 목록에서 선택합니다.

70 • 창의코딩놀이 Lesson 1

01 키보드를 이용한 위치 이동 만들기

① [선택] 작품을 오프라인에서 불러온 후 [손모양] 오브젝트를 선택한 다음 [블록] 탭-[시작] 꾸러미의 `q▼ 키를 눌렀을 때`를 블록 조립소로 드래그합니다.

② 블록 조립소의 `q▼ 키를 눌렀을 때` 블록에서 `q▼`를 클릭한 후 키보드로 "1"을 입력합니다. 같은 방법으로 키보드의 '2'와 '3'을 눌렀을 때의 블록을 만듭니다.

STOP! 여기서 잠깐!

블록 조립소 화면의 확대 및 축소하기

블록 조립소 안의 블록은 `-` `=` `+` 단추를 이용하여 화면을 확대하거나 작게 축소하여 볼 수 있습니다.

Chapter 11 키보드를 이용한 이벤트 만들기 • 71

02 특정 위치로 이동하기 위한 블록 연결하기

❶ [손모양] 오브젝트의 [블록] 탭-[움직임] 꾸러미에서 `손모양▼ 위치로 이동하기`를 드래그하여 `1▼ 키를 눌렀을 때` 블록과 서로 연결한 후 `손모양▼`을 클릭한 다음 [공부]를 선택합니다.

❷ 같은 방법으로 키보드의 '2'를 눌렀을 때 '게임' 위치로, '3'을 눌렀을 때 '피아노' 위치로 이동할 수 있도록 블록을 연결하고 [시작하기]를 클릭합니다.

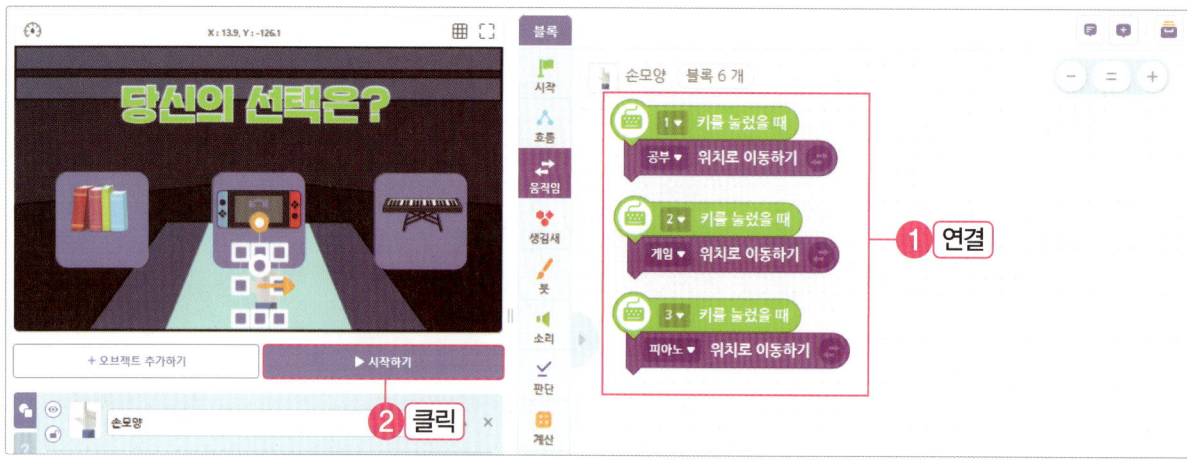

❸ 키보드의 1 을 누르면 공부 오브젝트의 위치로 이동하고 2 를 눌렀을 때 '게임', 3 을 눌렀을 때 '피아노' 위치로 이동하는지 확인합니다. [정지하기]를 클릭하면 실행을 종료할 수 있습니다.

CHAPTER 11 문제 해결 미션 수행하기

 온라인 엔트리에서 '퀴즈' 작품을 불러와 [손모양] 오브젝트에 다음과 같이 코딩해 보세요.

- 키보드의 왼쪽 방향키(←)를 누르면 '맞다' 위치로 이동하기
- 키보드의 오른쪽 방향키(→)를 누르면 '틀리다' 위치로 이동하기

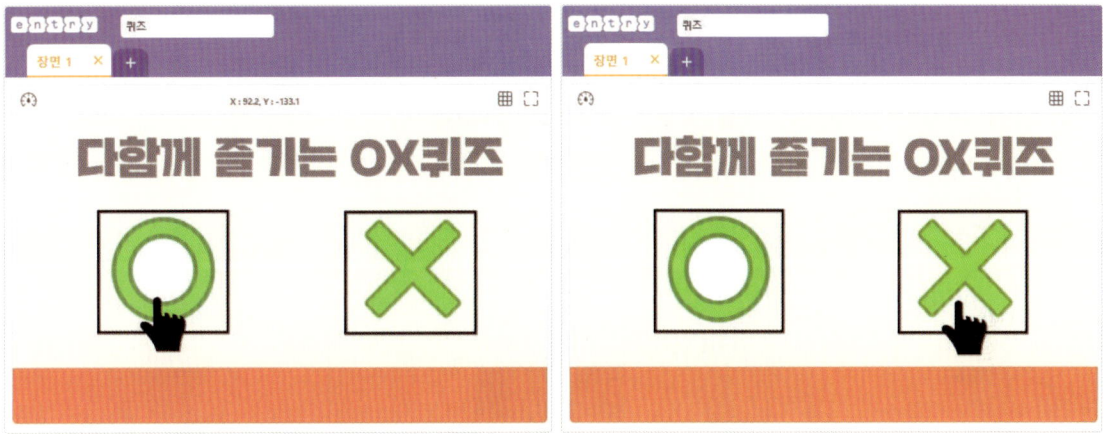

 온라인 엔트리에서 '잡기' 작품을 불러와 [집게] 오브젝트에 다음과 같이 코딩해 보세요.

- 키보드의 1을 누르면 '뽕망치' 위치로 이동하여 '잡기' 모양으로 바꾸기
- 키보드의 2를 누르면 '센서' 위치로 이동하여 '열기' 모양으로 바꾸기

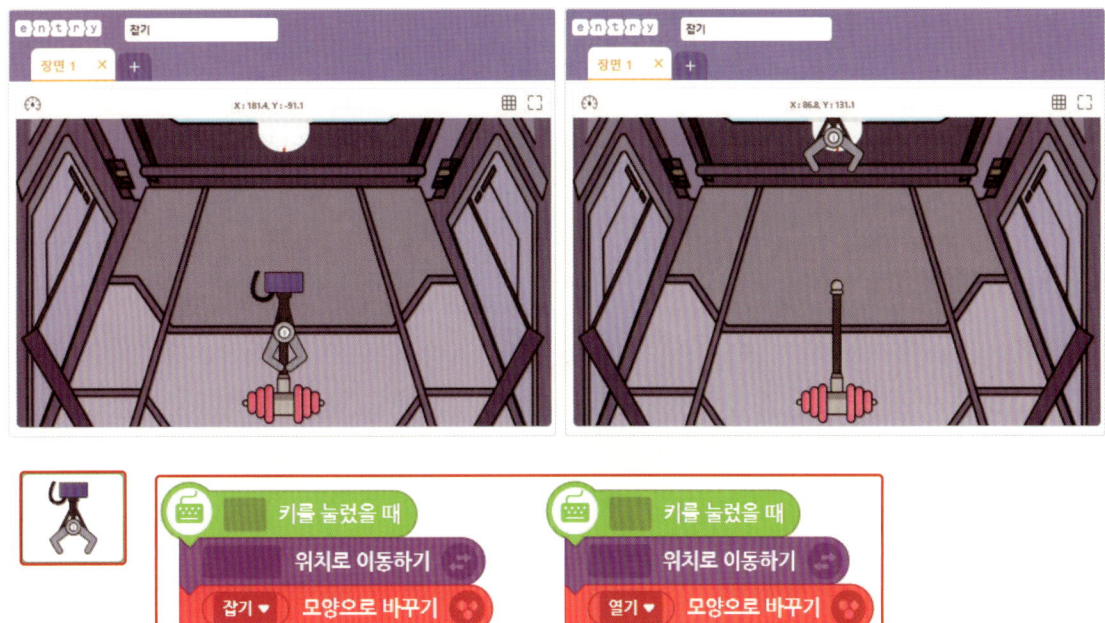

CHAPTER 12 창의 놀이

학습 목표

- 프로그램의 개선 및 오류를 찾아 수정하는 방법을 알아 봅니다.

알고리즘 및 디버깅

프로그램 디버깅

아래의 내용은 그림을 프로그래밍한 내용입니다.

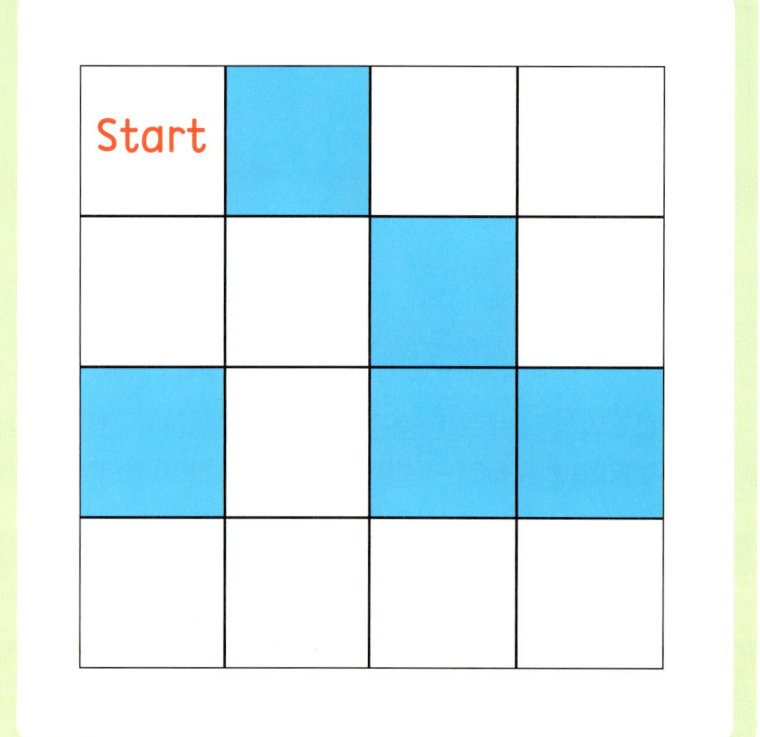

[프로그램]

Start > ⫯ > ∨ ⫯ ∨ ⫯ > ⫯ ∨ < < < ∧ ⫯

01 위의 [프로그램]을 좀 더 짧게 개선하여 프로그램을 수정해 보세요.

Start

프로그램 디버깅

아래의 내용은 그림을 프로그래밍한 내용입니다.

[프로그램]

Start > |||| > ˅ |||| > ˅ |||| ˅ < |||| ˄ < ||||

02 위의 그림에 해당하는 [프로그램]을 보고 잘못된 부분을 수정해 보세요.

Start

Chapter

12 코딩 놀이 — 방향과 이동방향 알아보기

학습목표

- 오브젝트의 방향을 회전하는 방법에 대해 알아봅니다.
- 오브젝트의 이동 방법에 대해 알아봅니다.

배울 내용 미리보기

핵심놀이 방향과 이동 방향 알아보기

- 방향 : 오브젝트의 위쪽 방향 조절점(○)을 통해 확인할 수 있으며, 기본 설정값은 0°입니다.
- 이동 방향 : 오브젝트의 중심점 옆에 노란색 화살표 모양(→)으로 표시되며, 기본 설정값은 90°입니다.

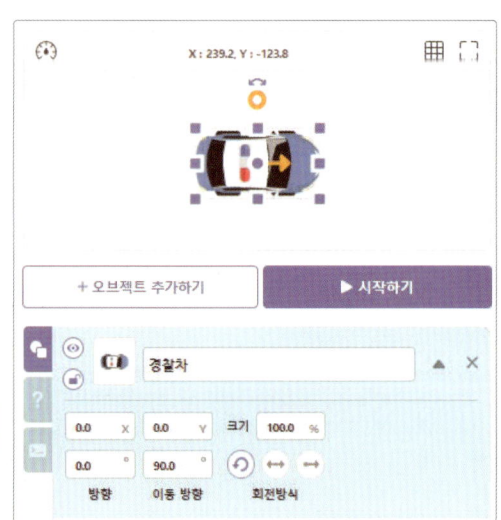

방향은 오브젝트를 회전할 때 주로 사용하며, 이동 방향은 오브젝트의 움직임(이동)에 주로 사용합니다.

76 • 창의코딩놀이 **Lesson 1**

01 시작하기 버튼을 클릭했을 때 이벤트 블록 연결하기

❶ [주차장] 작품을 오프라인에서 불러온 후 [경찰차] 오브젝트를 선택합니다. [블록] 탭-[시작] 꾸러미의 `q키를 눌렀을 때`를 블록 조립소로 드래그한 후 `q`를 클릭한 다음 키보드의 위쪽 방향키(↑)를 누릅니다. 같은 방법으로 다음과 같이 방향키를 눌렀을 때의 블록을 만듭니다.

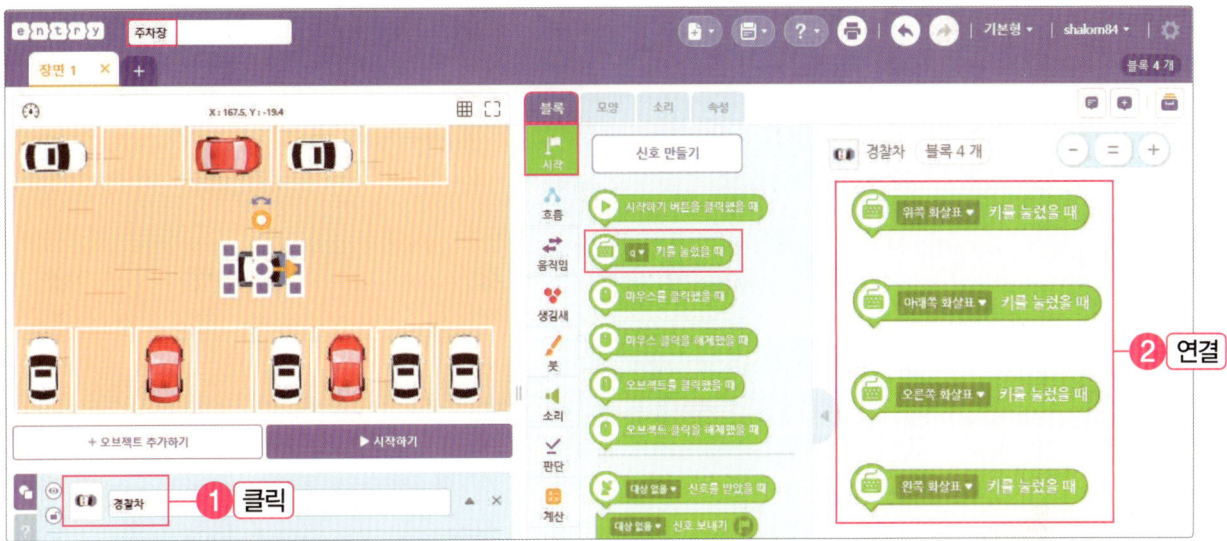

❷ [움직임] 꾸러미에서 `이동 방향으로 10 만큼 움직이기` 블록을 드래그하여 `위쪽 화살표 키를 눌렀을 때`와 `아래쪽 화살표 키를 눌렀을 때` 블록을 서로 연결한 후 입력값을 수정합니다. 같은 방법으로 `방향을 10° 만큼 회전하기` 블록을 `오른쪽 화살표 키를 눌렀을 때`와 `왼쪽 화살표 키를 눌렀을 때` 블록에 서로 연결한 후 회전값을 수정합니다.

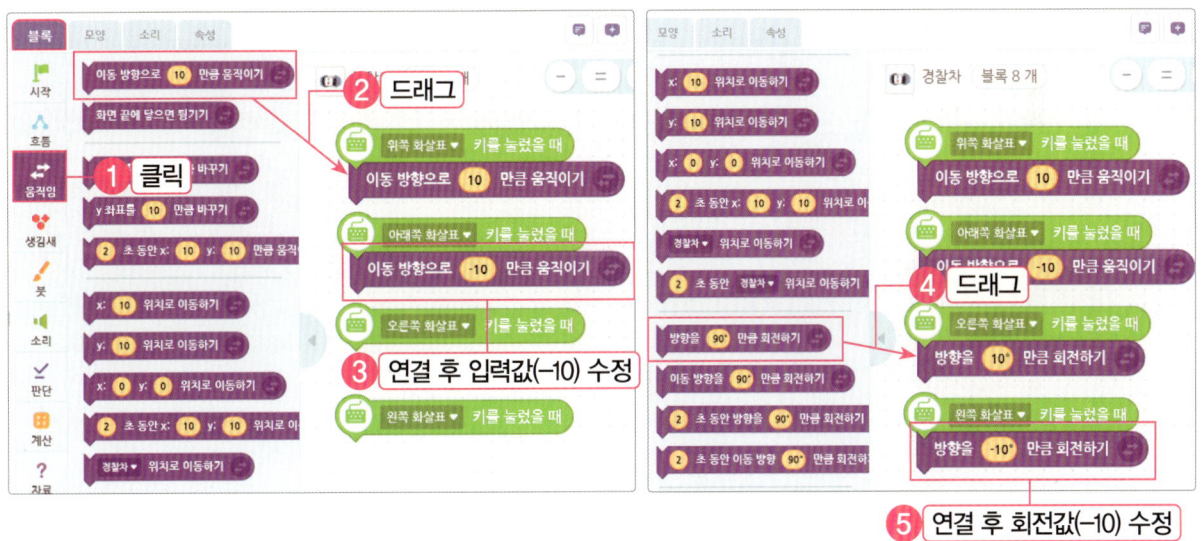

STOP! 여기서 잠깐!

방향 표시 화면에서 회전값 수정하기

`방향을 10° 만큼 회전하기` 블록의 회전값의 수정은 회전값을 클릭 후 방향 표시 화면에서 직접 방향을 드래그하거나 회전값을 입력하여 수정할 수 있습니다.

02 방향키를 이용하여 주차 연습하기

❶ [시작하기]를 클릭한 후 키보드의 ↑ / ↓ / ← / → 화살표 키를 눌러 앞으로, 뒤로 이동과 왼쪽, 오른쪽으로 회전하는지 확인합니다. 같은 방법으로 방향키를 이용하여 주차 놀이를 해봅니다.

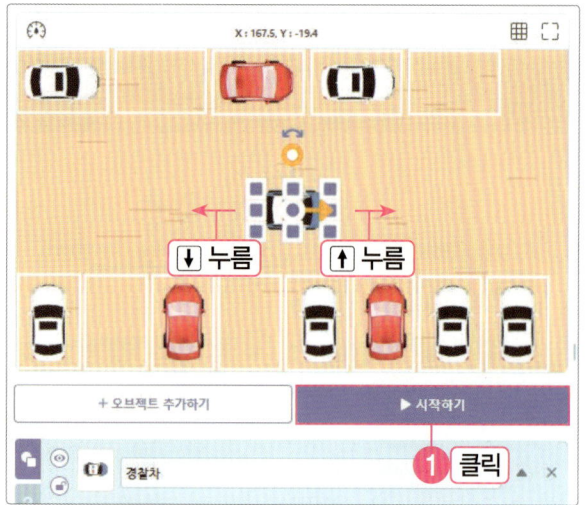
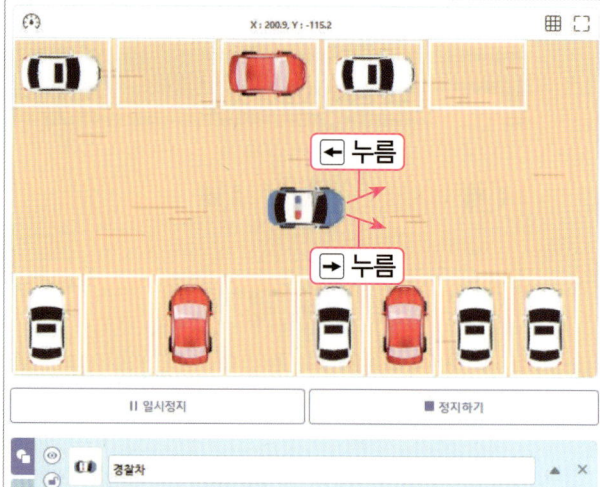

STOP! 여기서 잠깐!

오브젝트 모양에 따라 이동 방향 수정하기

오브젝트의 이동 방향은 90°를 기본 설정으로 합니다. 만약 그림 처럼 오브젝트의 앞쪽 부분이 위쪽을 향하고 있을 경우 이동 방향이 90°로 지정되어 이동 방향으로 움직였을 때 오른쪽 옆으로 움직이는 경우가 생깁니다. 이럴 경우 반드시 오브젝트의 이동 방향값을 0°로 수정해야 오브젝트가 앞으로 이동하는 동작을 만들 수 있습니다.

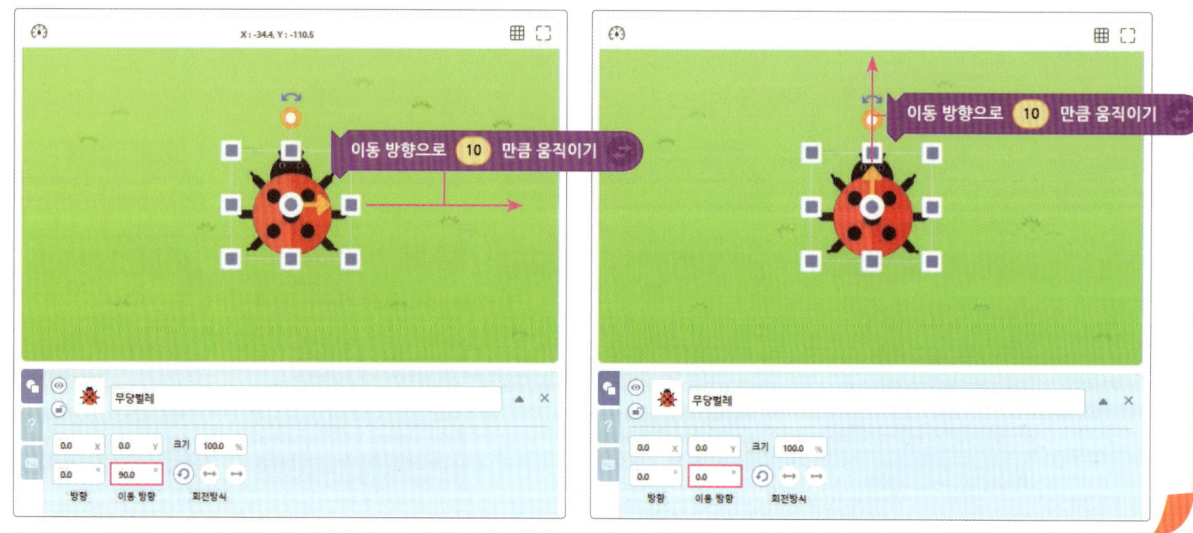

CHAPTER 12 문제 해결 미션 수행하기

미션 1 '생일파티' 작품을 열고 생일파티 오브젝트에 다음과 같이 블록을 연결해 보세요.

- 위쪽 방향키(↑)를 눌러 이동 방향으로 10만큼 움직인 후 다음 모양으로 바꾸기
- 아래쪽 방향키(↓)를 눌러 이동 방향으로 -10만큼 움직인 후 다음 모양으로 바꾸기
- 오른쪽 방향키(→)를 눌러 방향을 10만큼 회전한 후 다음 모양으로 바꾸기
- 왼쪽 방향키(←)를 눌러 방향을 -10만큼 회전한 후 다음 모양으로 바꾸기

Chapter 12 방향과 이동방향 알아보기 • 79

CHAPTER 13 창의 놀이

> **학습 목표**
>
> • 절차에 따른 알고리즘을 이해하고 문제의 해결 능력을 높입니다.

문제 해결 능력

자동화 공정

재석이 아빠는 자동화 로봇이 제품을 만드는 곳에서 관리자로 근무하십니다.

이 회사에서는 완성 제품이 만들어지기까지 4번의 작업 공정을 거쳐야 하는데 모두 로봇이 만들고 있네요~^^

자동화 공정

01 자동화 공정을 참고하여 공정별로 만들어지는 제품을 나열했습니다. 빨간색 테두리 부분에 들어갈 제품의 모습은 어떤 모습일까요?

02 자동화 시스템에서 제2작업 공정까지 거친 후 만들어진 제품은 어떤 모습일까요?

Chapter 13 코딩 놀이

순차 알고리즘으로 자기 소개하기

- 순차 알고리즘의 정의와 사용 방법을 알아봅니다.
- 순차 알고리즘을 이용한 자기 소개를 만들어 봅니다.

배울 내용 미리보기

핵심놀이 순차 알고리즘 알아보기

- 문제 해결을 위한 처리 절차를 순서적으로 진행되는 코딩입니다.
- 알고리즘의 가장 기본적인 방법으로 동작이나 명령을 순서대로 블록을 쌓아 만듭니다.

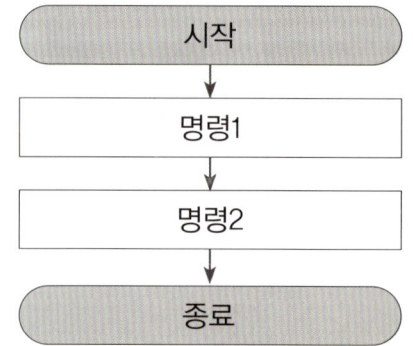

 순서도의 그림처럼 순차 알고리즘은 화살표가 가리키는 순서대로 명령을 실행해요.

01 순서대로 말하기 및 기다리기 블록 연결하기

❶ [나의소개] 작품을 불러온 후 [똑똑이] 오브젝트를 선택한 다음 [블록] 탭-[생김새] 꾸러미에서 `안녕! 을(를) 4 초 동안 말하기` 블록을 드래그하여 `시작하기 버튼을 클릭했을 때` 블록과 서로 연결합니다.

❷ `안녕! 을(를) 4 초 동안 말하기` 블록이 연결되면 블록 안의 내용(친구들 안녕~)과 시간(3)을 수정합니다.

❸ 지연 시간을 만들기 위해 [흐름] 꾸러미에서 `2 초 기다리기` 블록을 드래그하여 연결한 후 시간(1)을 수정합니다.

Chapter 13 순차 알고리즘으로 자기 소개하기 • 83

02 시간에 따라 모양 바꾸기 및 말하기

❶ [똑똑이] 오브젝트의 [블록] 탭-[생김새] 꾸러미에서 `똑똑이 모양으로 바꾸기`를 드래그하여 연결한 후 블록 안에 있는 `똑똑이`을 클릭한 다음 모양 목록에서 [손들기]를 선택합니다.

❷ [생김새] 꾸러미의 `안녕! 을(를) 4 초 동안 말하기` 블록을 연결한 후 내용(만나서 반가워)과 시간(3)을 수정합니다. 블록 연결이 모두 완성되면 [시작하기]를 클릭합니다.

❸ 블록 코딩이 실행되면 완성된 자기 소개를 확인합니다.

❶ '2'초 동안 말하기
❷ '1'초 동안 기다리기
❸ 모양 변경 및 '2'초 동안 말하기

CHAPTER 13 문제 해결 미션 수행하기

미션 1 '선생님' 작품을 열고 선생님 오브젝트의 결과 화면을 보며, 블록 연결을 완성해 보세요.

❶ '2'초 동안 말하기
❷ '1'초 동안 기다리기
❸ 모양 변경 및 '4'초 동안 말하기

미션 2 선생님 오브젝트의 블록 코드를 다음과 같이 수정한 후 실행하고 같은 이유를 설명해 보세요.

Chapter 13 순차 알고리즘으로 자기 소개하기 • 85

CHAPTER 14 창의 놀이

학습 목표

- 논리적 사고력과 정확한 결과를 위한 디버깅 방법을 알아봅니다.

논리적 사고 및 디버깅

지금부터 비밀번호 게임을 시작해 볼거예요.

그럼, 저희는 무얼 할까요?

와!! 재미있겠다~^^

사랑이가 [암호화]가 되어서 비밀번호를 만들고 빠꼼이가 [복호화]가 되어 단서를 찾아 비밀번호를 알아내는 게임이에요.

비밀번호 찾기 규칙

규칙1. 비밀번호는 4자리입니다.
규칙2. 1에서 6 사이의 숫자만 사용합니다.(주사위처럼).
규칙3. 숫자는 중복되어 사용할 수 없어요.

비밀번호를 만들어서 적었어.
빠꼼아 이제 맞춰봐~^^

에라 모르겠다!!
4513

숫자 4는 올바른 곳에 위치하고 숫자 5와 3은 맞지만 틀린 곳에 있어~

그렇다면??
4325

숫자 4와 3은 올바른 곳에 위치하고 숫자 5는 맞지만 틀린 곳에 있어~

뭔가 알것 같기도 하고~
뭐지?

우리 친구들이 맞춰 볼 수 있나요?
과연 비밀번호는 무엇일까요?

01 정답은 무엇일까요?

Chapter 14 코딩 놀이

오브젝트의 타이밍을 맞춰 대화 만들기

학습목표

- 기다리기 블록의 사용 방법을 알아봅니다.
- 오브젝트의 대화를 만드는 방법에 대해 알아봅니다.

배울 내용 미리보기

핵심놀이 순차적인 대화에 필요한 블록 알아보기

- 블록은 입력한 시간만큼 기다리는 블록입니다.
- 하나 이상의 오브젝트가 무대에서 대화가 이루어지도록 할 때 꼭 필요한 블록입니다.

01 선생님 오브젝트의 대화 만들기

❶ [수학수업] 작품을 오프라인에서 불러온 후 [선생님] 오브젝트를 선택합니다. [블록] 탭-[시작] 꾸러미의 `시작하기 버튼을 클릭했을 때` 블록과 [생김새] 꾸러미의 `안녕! 을(를) 4 초 동안 말하기` 블록을 이용하여 다음과 같이 연결합니다.

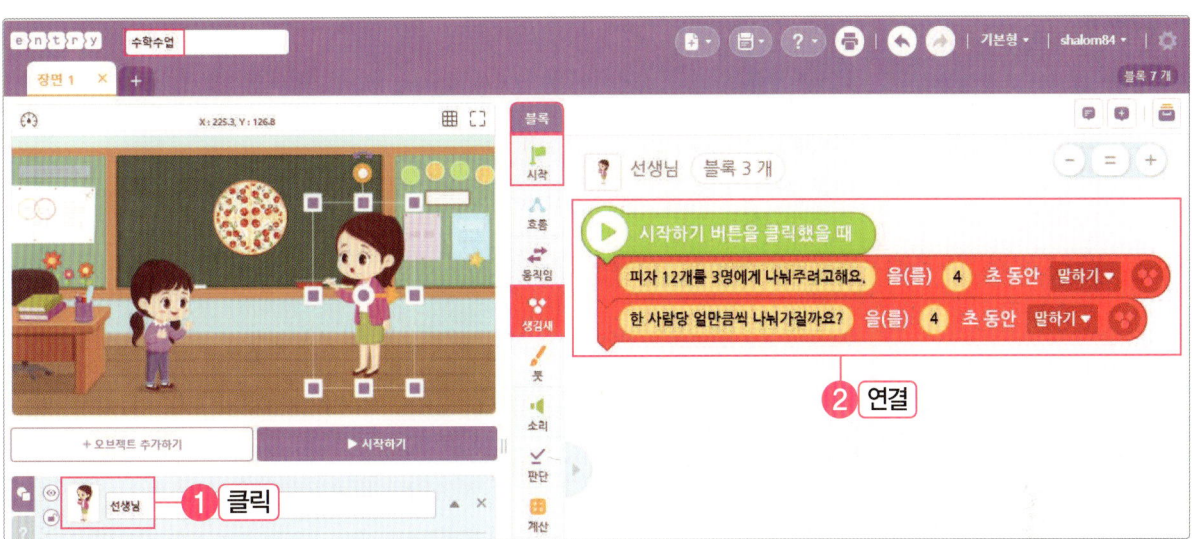

STOP! 여기서 잠깐!

블록 조립소 블록 연결하기

[블록] 탭-[시작] 꾸러미와 [생김새] 꾸러미를 이용하여 아래의 순서와 같이 연결한 후 내용을 수정합니다.

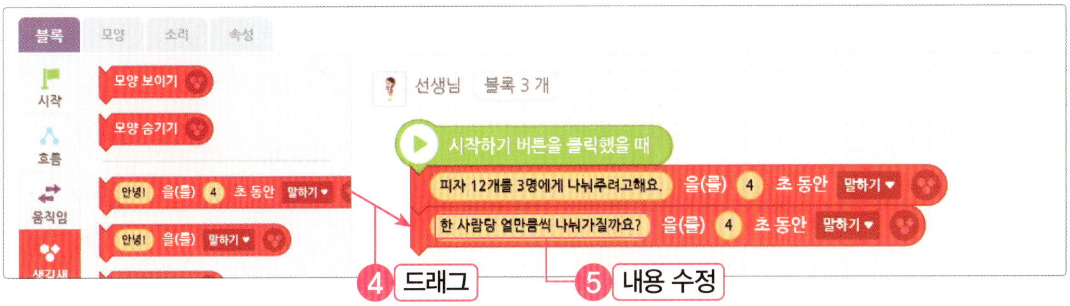

Chapter 14 오브젝트의 타이밍을 맞춰 대화 만들기 • 89

02 학생 오브젝트의 대화 만들기

❶ [학생] 오브젝트을 선택한 후 [블록] 탭-[시작] 꾸러미의 `시작하기 버튼을 클릭했을 때` 블록과 [흐름] 꾸러미의 `2 초 기다리기` 블록을 이용하여 다음과 같이 연결한 후 시간(8)을 수정합니다.

❷ [생김새] 꾸러미의 `안녕! 을(를) 4 초 동안 말하기` 블록을 연결한 후 내용(행복할 만큼이요~^^)을 수정합니다. 블록 연결이 모두 완성되면 [시작하기]를 클릭합니다.

❸ 무대에서 결과를 확인합니다.

90 • 창의코딩놀이 Lesson 1

CHAPTER 14 문제 해결 미션 수행하기

미션 1 '돈까스' 작품을 열고 소년과 엄마의 대화에서 시간 및 내용을 수정하여 완성해 보세요.

Chapter 14 오브젝트의 타이밍을 맞춰 대화 만들기

CHAPTER 15 창의 놀이

학습 목표

- 절차에 따른 알고리즘을 이해하고 문제의 해결 능력을 높입니다.

순차적 사고 능력

라면 끓이기

시온이가 떡만두 라면을 끓여 먹으려고 합니다.

재료마다 익는 속도가 다르므로 맛있는 라면을 먹기 위해서는 재료를 넣는 순서를 잘 생각해서 넣어야 합니다. 재료의 익는 시간을 알아보고 넣는 재료 순서를 완성해 봅니다.

① 냉동만두 (4분)

② 물

③ 라면 (3분)

④ 떡 (2분)

⑤ 라면스프

라면 끓이기

01 라면을 끓이는 순서로 괄호 안에 들어갈 재료는 무엇입니까?

[물 끓이기] > [   ] > [라면] > [   ] > [라면스프]

02 라면의 국물맛을 시원하게 하기 위해 꽃게를 넣어 끓이려고 합니다.
5분 이상 끓여야 맛을 낼 수 있다는 꽃게는 어느 재료 앞에 넣어야 할까요?

❶ 라면   ❷ 떡   ❸ 냉동만두

03 우리 친구들이 라면을 끓일 때 넣는 재료를 적어 보세요.

Chapter 15 코딩 놀이 — 디버깅 알아보기

학습목표
- 디버깅의 정의를 알아봅니다.
- 블록 코딩의 오류를 찾아 수정하는 방법을 알아봅니다.

배울 내용 미리보기

핵심놀이 — 디버깅의 정의 알아보기

- 디버깅이란 코딩의 오류를 찾아 수정하는 과정입니다.
- 의도하지 않은 결과가 나오거나 작성 중 실수에 의해 생긴 오류를 찾아 수정하는 작업입니다.

디버깅을 위한 단계 과정입니다.
1. 프로그램 테스트(결과 확인)
2. 실수 찾기
3. 실수 수정
4. 다시 테스트(결과 확인)

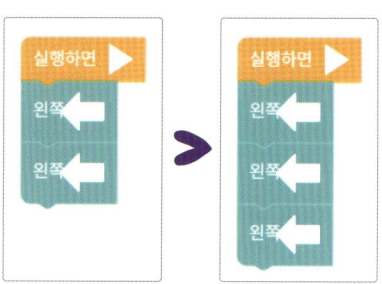

01 디버깅을 위한 프로그램 실행 및 실수 찾기

❶ [디버깅] 작품을 불러온 후 [사람]과 [메두사] 오브젝트의 블록을 확인한 후 [시작하기]를 클릭합니다.

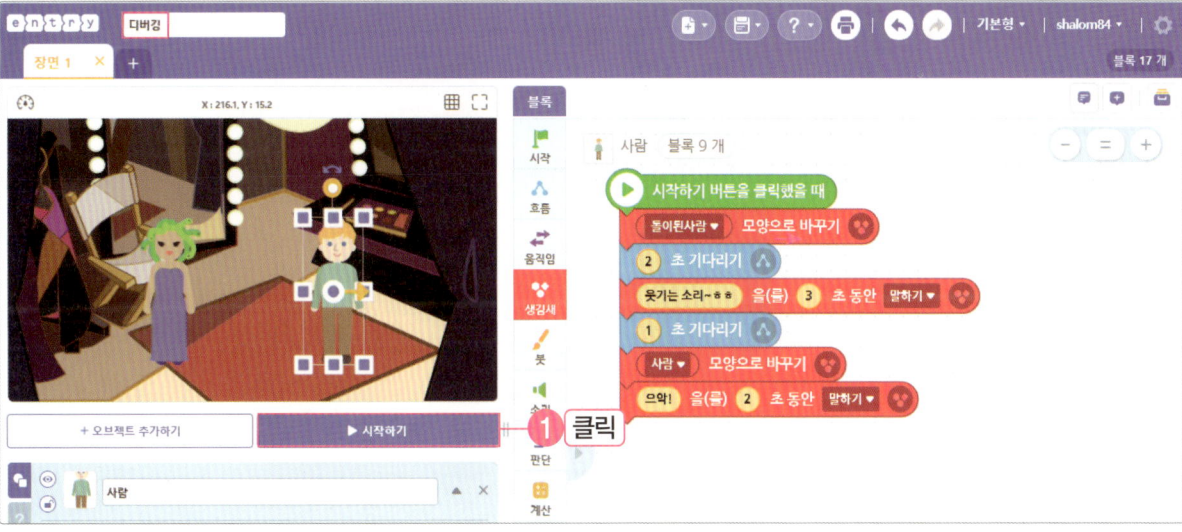

❷ 가장 위쪽 무대의 순서에 따라 실행 되도록 만들려고 할 때 현재 [사람]과 [메두사] 오브젝트의 수정이 필요한 부분은 어디인지 찾아보세요.

02 실수 수정 및 다시 실행하기

❶ [사람] 오브젝트의 [블록] 탭에서 다음과 같이 모양 블록의 모양을 서로 바꾸어 수정합니다.

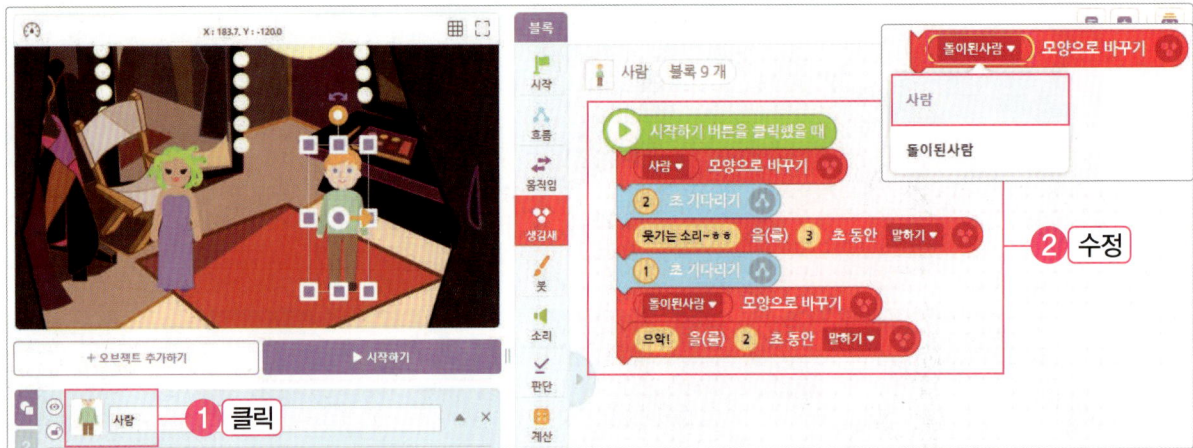

❷ [메두사] 오브젝트의 [블록] 탭에서 다음과 같이 모양 블록 및 시간을 수정한 후 [시작하기]를 클릭합니다.

❸ 무대의 결과를 확인합니다.

CHAPTER 15 문제 해결 미션 수행하기

미션 1 '알라딘' 작품을 열고 아랍 공주와 램프를 아래 화면의 무대와 같이 수정해 보세요.

❶ '2'초 동안 말하기   ❷ '1'초 기다린 후 '1'초 동안 말하기

❸ '램프1' 모양에서 '4'초 동안 기다린 후 '램프2' 모양으로 '4'초 동안 말하기

CHAPTER 16 창의 놀이

학습 목표

● 패턴을 인식하고 논리적 문제의 해결 방법을 알아 봅니다.

패턴인식 및 논리적 사고

카드 맞추기 게임

지금 선생님이 40장의 카드를 가지고 있어요.
이 카드 중에서 한 장을 뽑아 카드를 알아맞추는 추측 게임을 해볼께요.

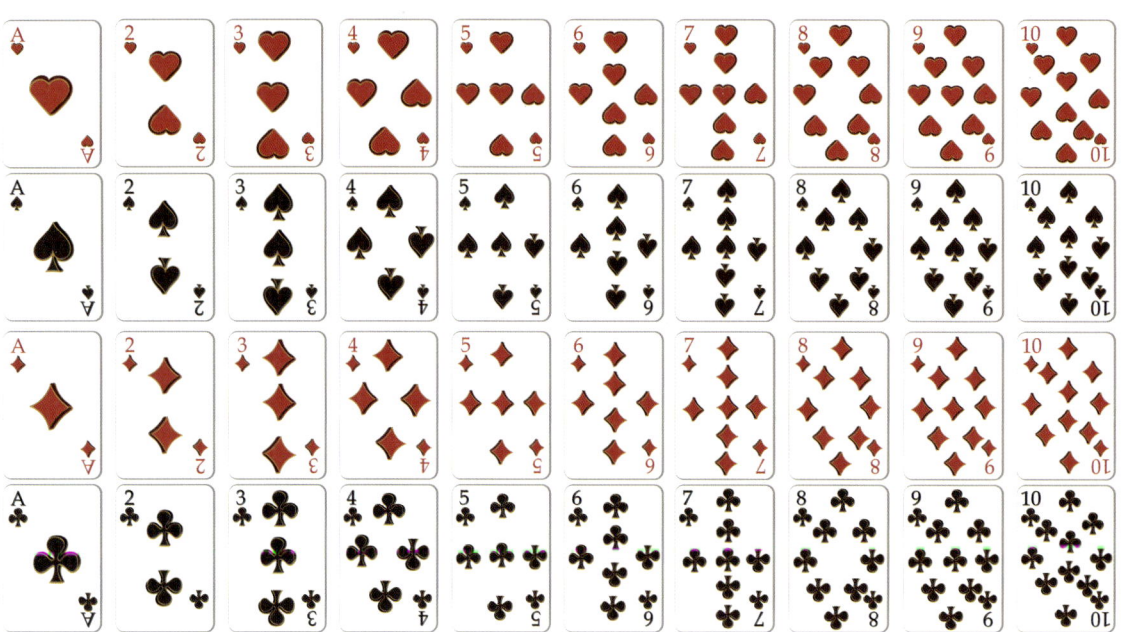

추측 게임은 단서를 듣고 그것이 무엇인지 알아내는 게임입니다.

98 • 창의코딩놀이 **Lesson 1**

아래의 단서를 통해 카드를 추측할 수 있어요.
선생님은 과연 어떤 카드를 뽑았을까요?

질문1 카드의 색은 무슨 색이죠?

단서1 빨간색 카드에요.

질문2 숫자 7보다 큰가요?

단서2 숫자는 7보다 큽니다.

질문3 숫자는 짝수인가요?

단서3 숫자는 홀수예요.

질문4 하트 모양인가요?

단서4 네, 맞습니다~^^

01 정답 카드는 무엇일까요?

Chapter 16 코딩 놀이 — 반복 알고리즘 알아보기

학습목표
- 반복 알고리즘에 대해 알아봅니다.
- 반복하기 블록과 도장찍기 블록의 사용 방법에 대해 알아봅니다.

배울 내용 미리보기

핵심놀이 반복 알고리즘 알아보기

- 알고리즘의 일정한 규칙이 반복될 때 사용합니다.
- 반복되는 명령의 코딩을 단순화하여 이해하기 쉽습니다.

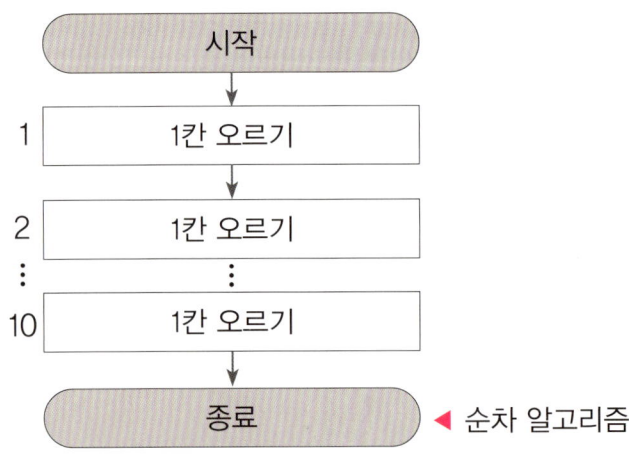

◀ 순차 알고리즘

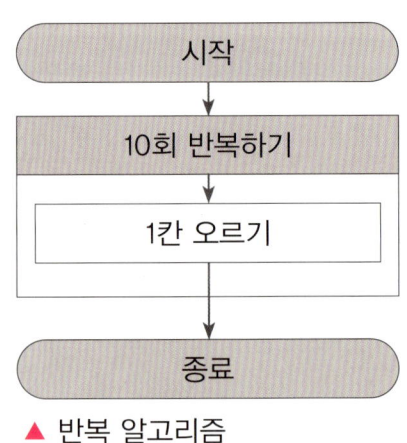

▲ 반복 알고리즘

01 반복하여 움직임 만들기

❶ [손오공] 작품을 오프라인에서 불러온 후 [손오공] 오브젝트를 선택합니다. [블록] 탭-[시작] 꾸러미의 `시작하기 버튼을 클릭했을 때` 블록을 드래그하여 블록 조립소로 이동합니다.

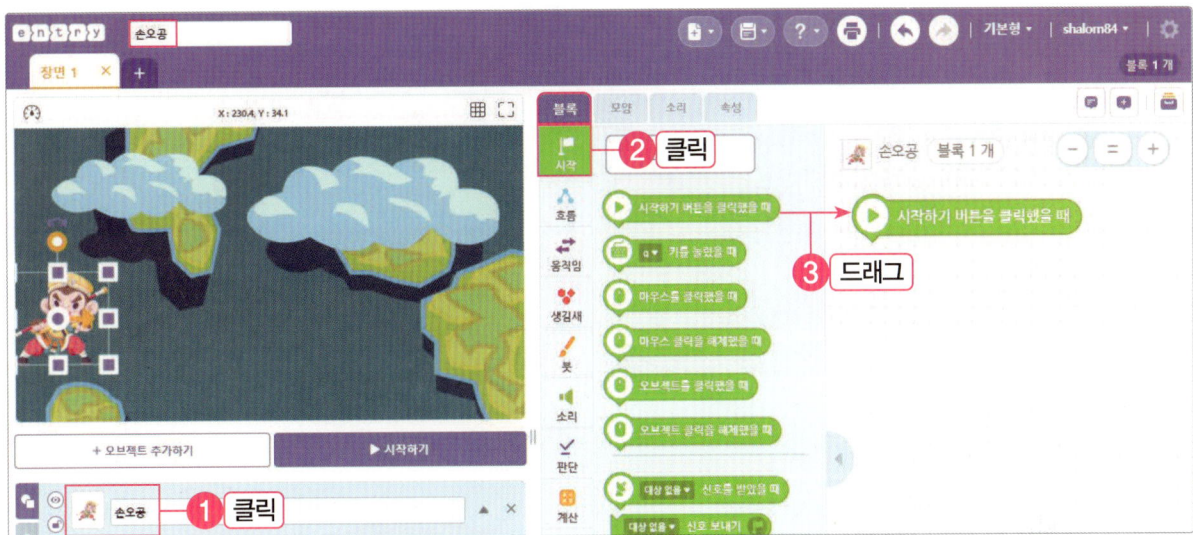

❷ [흐름] 꾸러미의 `10 번 반복하기` 블록을 드래그하여 `시작하기 버튼을 클릭했을 때` 블록과 연결한 후 횟수(4)를 수정합니다.

❸ 같은 방법으로 [흐름] 및 [움직임] 꾸러미를 이용하여 다음과 같이 연결한 후 시간(1) 및 이동 거리(80)를 수정합니다.

02 학생 오브젝트의 대화 만들기

❶ [손오공] 오브젝트에서 [블록] 탭-[붓] 꾸러미의 도장 찍기 블록을 드래그하여 연결한 후 [시작하기]를 클릭합니다.

❷ 무대에서 결과를 확인합니다.

STOP! 여기서 잠깐!

도장 찍기 블록 사용하기

[붓] 꾸러미의 도장 찍기 블록은 오브젝트의 모양을 그대로 무대에서 도장 찍듯이 그림 이미지로 찍는 것을 말합니다.

CHAPTER 16 문제 해결 미션 수행하기

미션 1 '닌자거북' 작품을 열고 결과 화면과 같이 무대를 완성해 보세요.

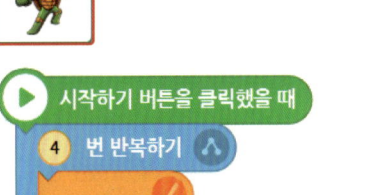

미션 2 완성한 코딩에서 4번 반복하기를 사용했는데 무대에 표시되는 거북이 5개로 표시된 이유를 설명해 보세요.

Chapter 16 반복 알고리즘 알아보기 • 103

CHAPTER 17 창의 놀이

> **학습 목표**
> • 절차적 사고력을 높여 문제 해결 방법을 알아봅니다.

절차적 사고 능력

제품 만들기

제품을 생한하는 제작 공정이 컨베이어 벨트를 타고 각 단계마다 생산된 제품을 서로 조립하여 완성품을 만드는 과정이 아래 그림처럼 되어 있어요.

01 작업 공정에서 를 생산하는 기계는 어떤 기계일까요?

02 작업 공정에서 가 들어간 후  제품이 만들어져 나왔습니다. 어떤 기계일까요?

03 제품 중 를 넣었을 때  공정을 통해 만들어지는 제품은 무엇일까요?

Chapter 17 코딩 놀이

꽃잎으로 꽃 만들기

학습목표

- 중심점의 위치 변경 방법을 알아봅니다.
- 블록을 이용한 오브젝트의 회전 방법을 알아봅니다.

배울 내용 미리보기

핵심놀이 중심점 알아보기

- 중심점은 오브젝트가 회전할 때 기준이 되는 점입니다.
- ● 모양으로 마우스를 드래그하여 이동할 수 있습니다.

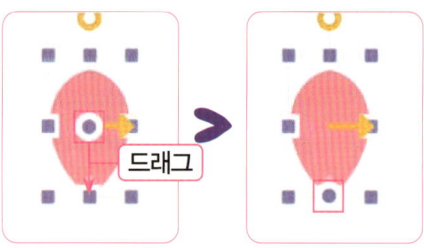

01 꽃잎의 중심점 변경 및 반복 블록 연결하기

❶ [꽃잎] 작품을 오프라인에서 불러온 후 [분홍 꽃잎] 오브젝트를 선택합니다.

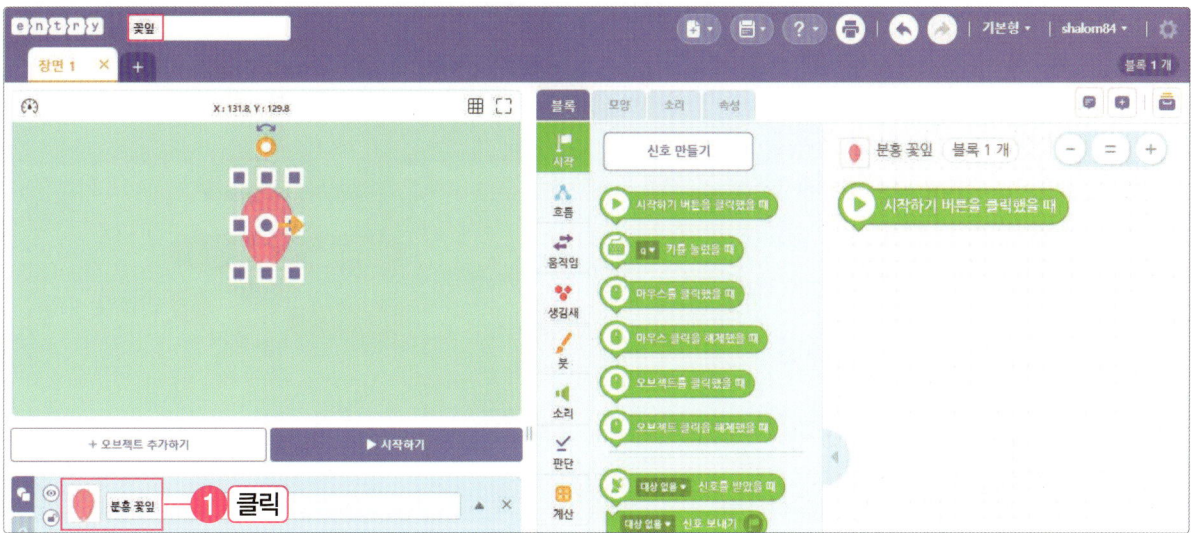

❷ 꽃잎 가운데 위치한 중심점(●)을 드래그하여 아래쪽 끝까지 이동합니다.

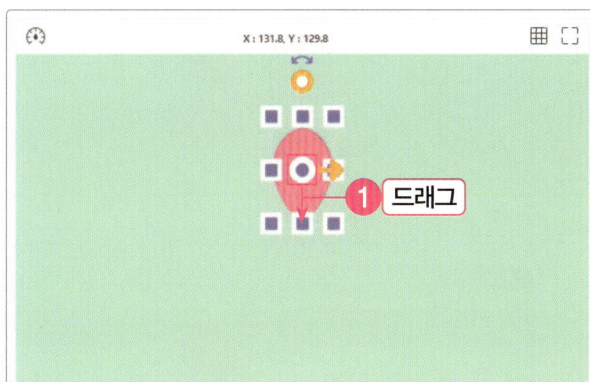 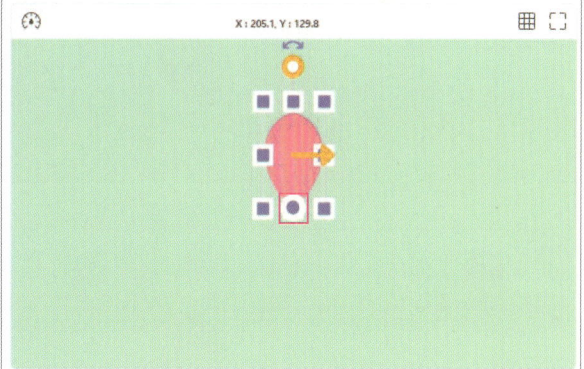

❸ [분홍 꽃잎] 오브젝트의 [블록] 탭에서 [흐름] 및 [움직임] 꾸러미를 이용하여 다음과 같이 연결한 후 반복 횟수(8) 및 회전 값(45)을 수정합니다.

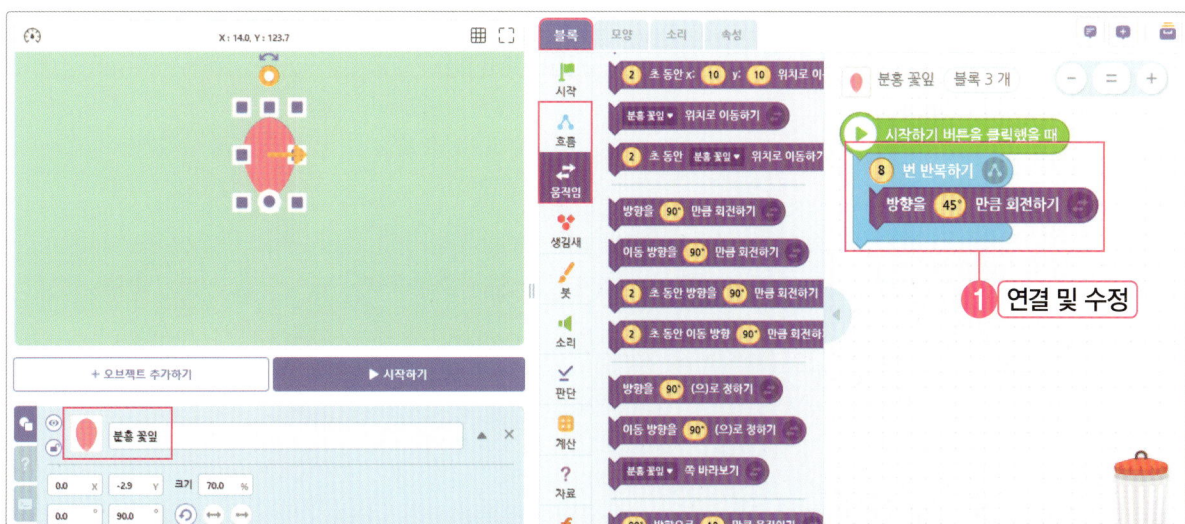

Chapter 17 꽃잎으로 꽃 만들기 • 107

| 02 | **기다리기 및 도장찍기를 이용하여 꽃잎 만들기** |

❶ [분홍 꽃잎] 오브젝트의 [블록] 탭에서 [흐름] 및 [붓] 꾸러미를 이용하여 다음과 같이 연결한 후 시간 (1)을 수정합니다. 코딩이 완료되면 [시작하기]를 클릭합니다.

❷ 무대에서 결과를 확인합니다.

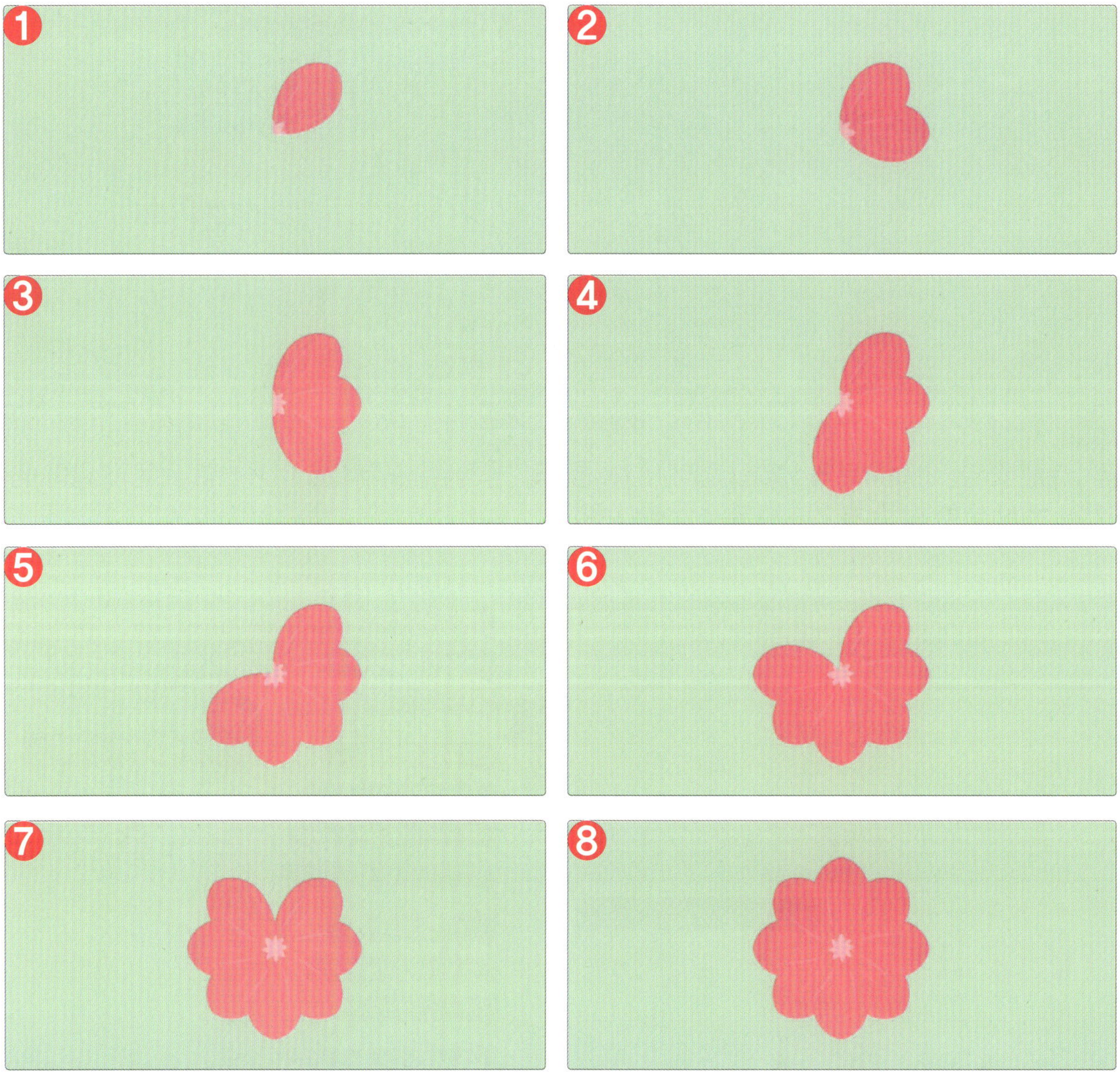

CHAPTER 17 문제 해결 미션 수행하기

 '바람개비' 작품을 열고 결과 화면과 같이 무대를 완성해 보세요.

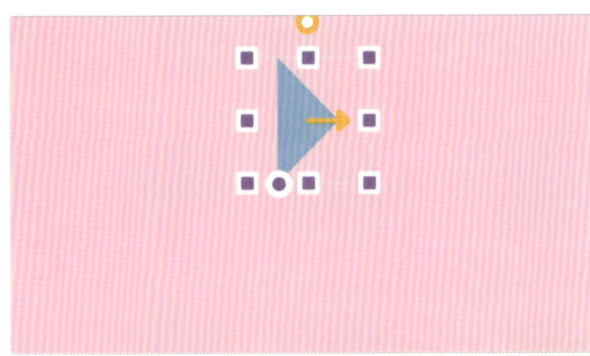

 '노란꽃' 작품을 열고 결과 화면과 같이 무대를 완성해 보세요.

Chapter 17 꽃잎으로 꽃 만들기 • 109

CHAPTER 18 창의 놀이

학습 목표

- 패턴을 인식하고 논리적 문제의 해결 방법을 알아 봅니다.

`알고리즘`

순서도 알아보기

순서도란 작업의 처리 순서를 단계화하고 문제를 이해하기 쉽도록 약속된 도형을 이용하여 흐름을 기호화 하는 것입니다.

순서도	이름	내용
⬭	시작/끝	시작과 끝을 표시합니다.
▭	처리	처리 내용을 표시합니다.
◇	판단	조건을 비교한 후 조건에 따른 흐름을 나눕니다.
▱	입력	입력에 관련된 내용을 표시합니다.
⬡	준비	준비에 관련된 내용을 표시합니다.
▱	출력(프린터)	출력과 관련된 내용을 표시합니다.
▭	반복	처리 내용에 관한 반복(횟수)을 표시합니다.

순서도는 문제 내용을 이해하고 분석을 통해 흐름을 알아야 작성할 수 있습니다.

01 시온이가 집에서 일어나 학교에 가려고 합니다.
아래의 내용을 보고 문제의 빈 칸을 완성해 보세요.

시온이의 아침 일과

- 07시 30분 : 일어나기
- 07시 40분 : 양치 및 세수하기
- 08시 10분 : 아침밥 먹기
- 08시 40분 : 책가방 및 준비물 챙기기
- 08시 50분 : 학교로 등교하기

시작 → 일어나기 → ☐ → 아침밥 먹기 → ☐ → 학교로 등교하기 → 종료

Chapter 18 코딩 놀이 — 계속 반복하여 마우스 포인터 위치로 이동하기

학습목표

- 계속 반복하기 블록에 대해 알아봅니다.
- 특정 오브젝트 또는 마우스 포인터의 위치로 이동하는 방법에 대해 알아봅니다.

핵심놀이 핵심 블록 이해하기

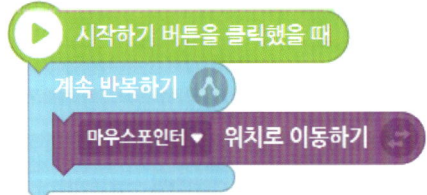

시작하기 버튼을 클릭했을 때 계속 반복하여 마우스 포인터 위치로 이동합니다.

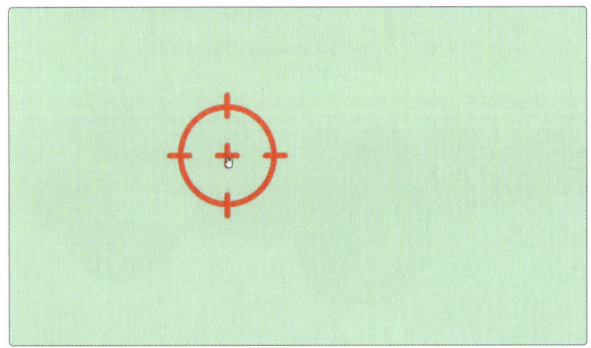
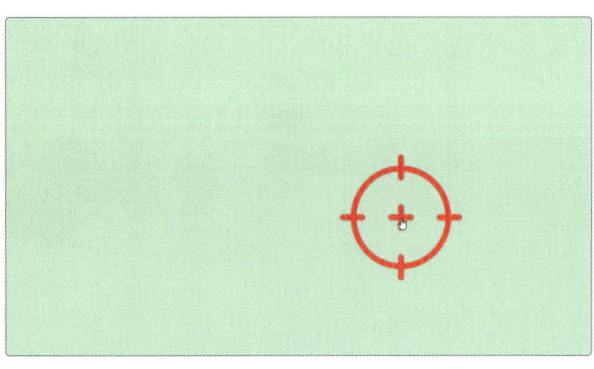

01 반복하여 움직임 만들기

1. [엔트리움직이기] 작품을 오프라인에서 불러온 후 [엔트리] 오브젝트를 선택합니다.
   [블록] 탭-[시작] 꾸러미의 `시작하기 버튼을 클릭했을 때` 블록을 드래그하여 블록 조립소로 이동합니다.

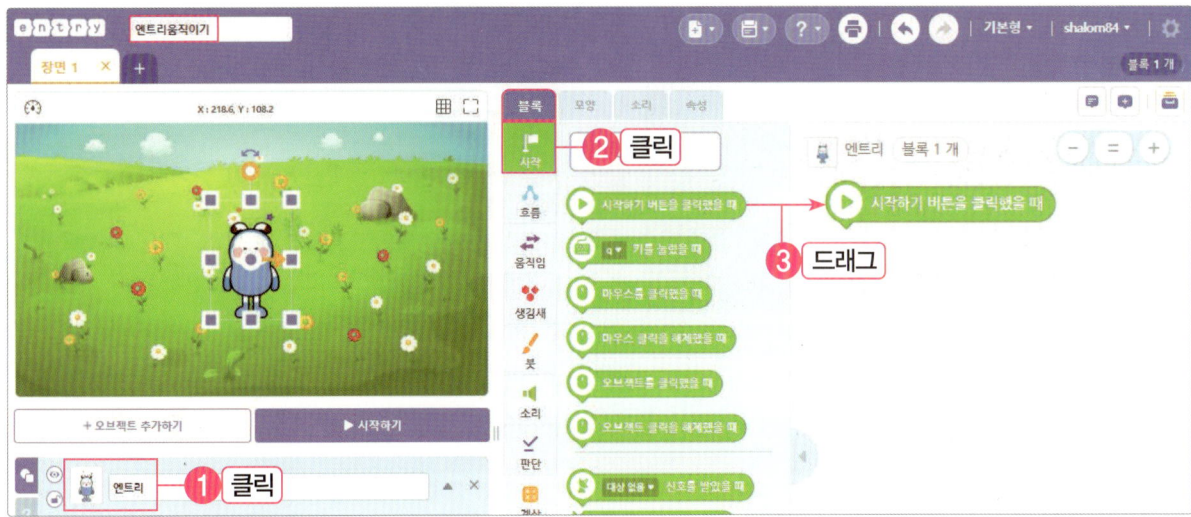

2. [흐름] 꾸러미의 `계속 반복하기` 블록을 드래그하여 `시작하기 버튼을 클릭했을 때` 블록과 연결합니다.

3. 같은 방법으로 [흐름] 및 [생김새] 꾸러미를 이용하여 다음과 같이 연결한 후 시간(0.1)을 수정합니다.

02 학생 오브젝트의 대화 만들기

❶ [엔트리] 오브젝트에서 [블록] 탭-[움직임] 꾸러미의 `엔트리▼ 위치로 이동하기` 블록을 드래그하여 연결한 후 `엔트리▼`를 클릭, 목록에서 [마우스 포인터]를 선택합니다.

❷ 블록 코딩이 모두 완성되면 [시작하기]를 클릭하여 결과를 확인합니다.

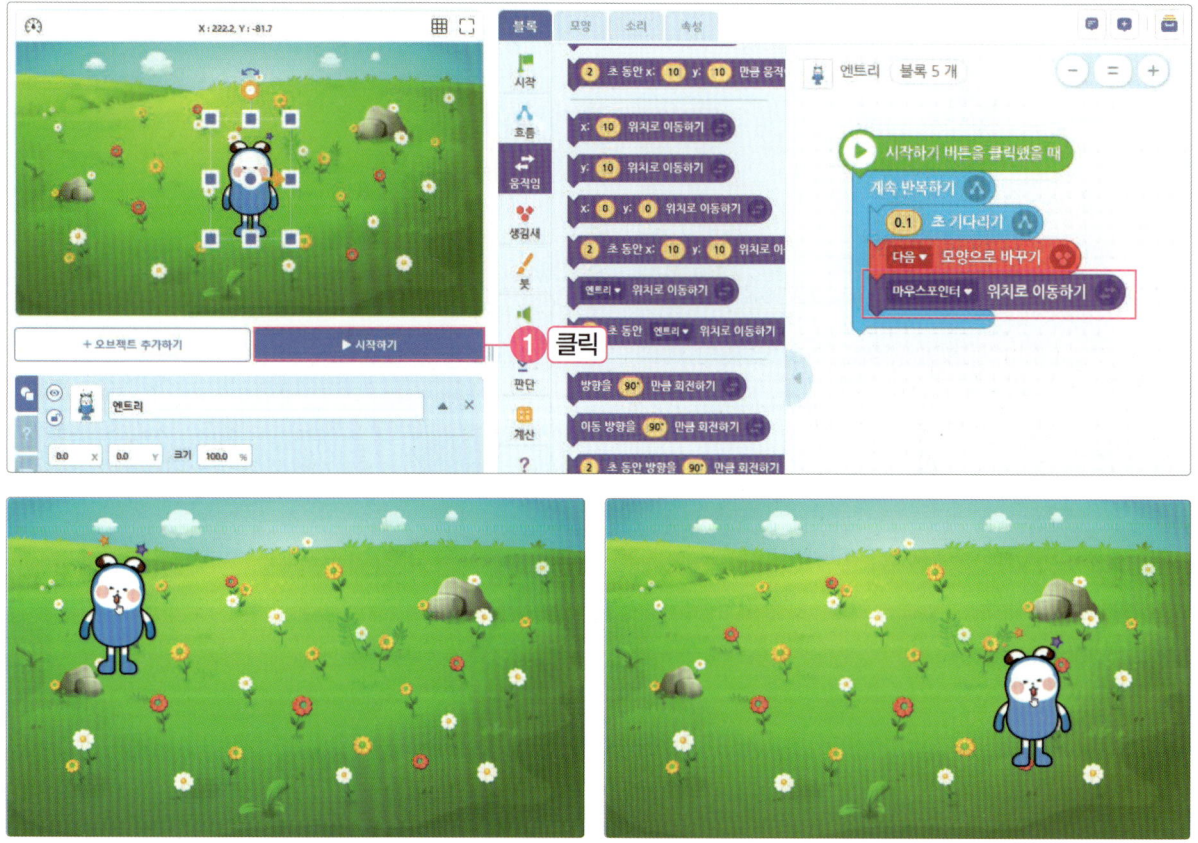

※ 무대 안에서 계속 반복하여 마우스 포인터 위치로 이동하며, 모양을 바꾸는 엔트리를 확인할 수 있습니다.

CHAPTER 18 문제 해결 미션 수행하기

미션 1 '별1' 작품을 열고 결과 화면과 같이 무대를 완성해 보세요.

계속 반복해서 다음 기능을 실행하기
- 0.1초 기다리기
- 다음 모양으로 바꾸기
- 마우스 포인터 위치로 이동하기
- 방향을 15° 만큼 회전하기

미션 2 '별2' 작품을 열고 결과 화면과 같이 무대를 완성해 보세요.

계속 반복해서 다음 기능을 실행하기
- 0.1초 기다리기
- 다음 모양으로 바꾸기
- 마우스 포인터 위치로 이동하기
- 방향을 15° 만큼 회전하기

CHAPTER 19 창의 놀이

> **학습 목표**
> • 반복되는 패턴을 식별하고 그 결과를 예측하는 방법을 알아봅니다.   **패턴인식 및 논리적 사고**

패턴 그림 넣기

오늘은 탐정이 되어 미스터리를 풀어볼께요.
패턴과 그 뒤에 숨은 규칙을 찾는 방법이에요.

01 아래 그림을 보고 네모(□) 안에 나올 수 패턴 그림을 찾아보세요.

❶    ❷ 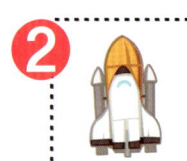   ❸

02 아래 그림을 보고 네모(□) 안에 나올 수 패턴 그림을 찾아보세요.

Chapter 19 코딩 놀이 — 마우스 포인터를 바라보며 이동하기

학습목표
- 이동 방향의 수정 방법을 알아봅니다.
- 마우스 포인터쪽을 바라보며 이동하는 방법을 알아봅니다.

배울 내용 미리보기

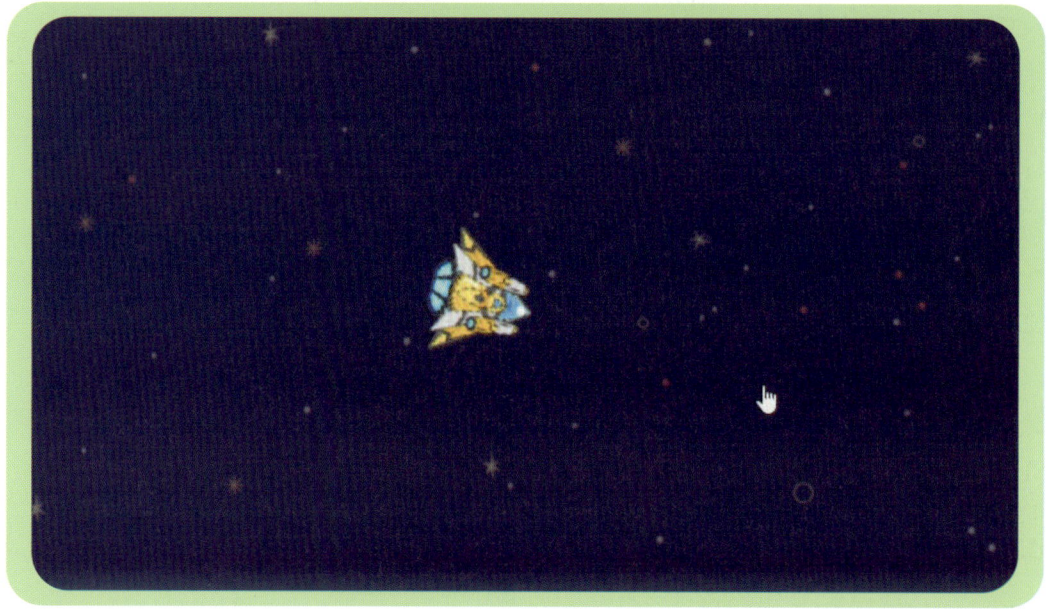

핵심놀이 — 마우스포인터쪽 바라보기

- 해당 오브젝트가 방향을 회전하여 선택한 오브젝트 또는 마우스 포인터 쪽을 바라봅니다.
- 오브젝트에 설정되어 있는 방향을 기준으로 바라봅니다.
- 이동 방향으로 움직이기 블록을 함께 사용할 경우 주로 이동 방향도 방향과 같은 값을 지정하여 사용합니다.

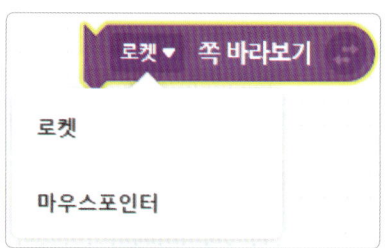

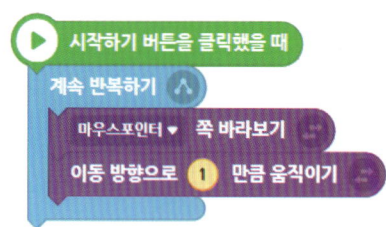

01 전투기의 이동 방향 수정하기

❶ [우주비행] 작품을 오프라인에서 불러온 후 [전투기] 오브젝트의 이동 방향(0)을 수정합니다.

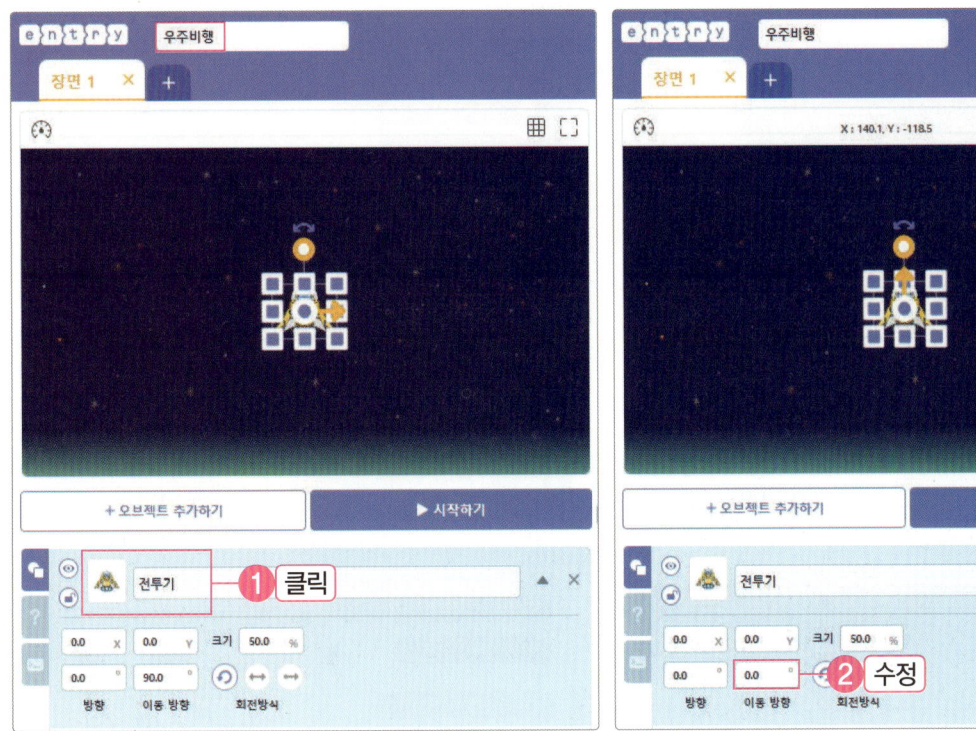

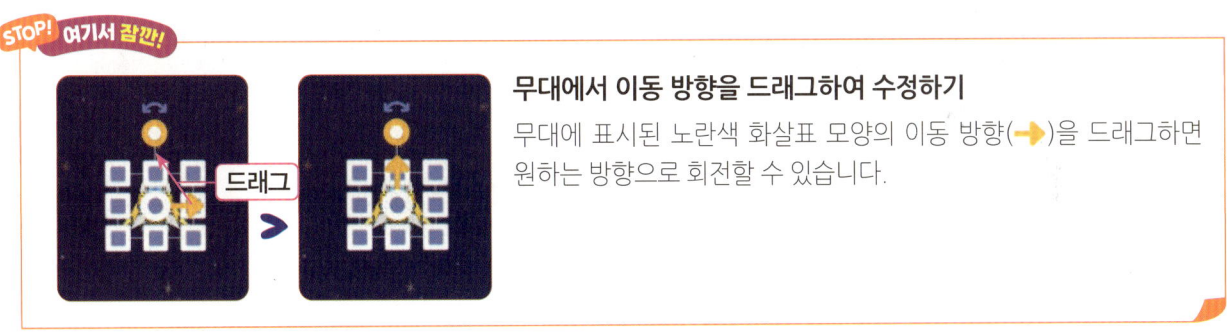

무대에서 이동 방향을 드래그하여 수정하기
무대에 표시된 노란색 화살표 모양의 이동 방향(➡)을 드래그하면 원하는 방향으로 회전할 수 있습니다.

❷ [전투기] 오브젝트의 [블록] 탭에서 [시작] 및 [흐름] 꾸러미를 이용하여 다음과 같이 연결한 후 시간(0.1)을 수정합니다.

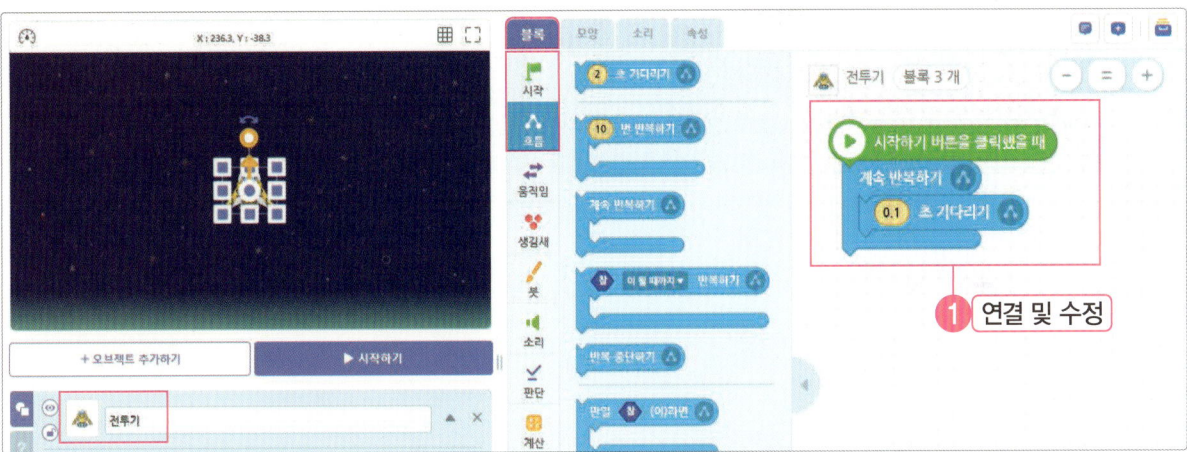

02 전투기의 마우스 포인터쪽 바라보기

❶ [전투기] 오브젝트의 [블록] 탭에서 [움직임] 꾸러미를 이용하여 다음과 같이 연결한 후 이동 거리(5)를 수정합니다. 코딩이 완료되면 [시작하기]를 클릭합니다.

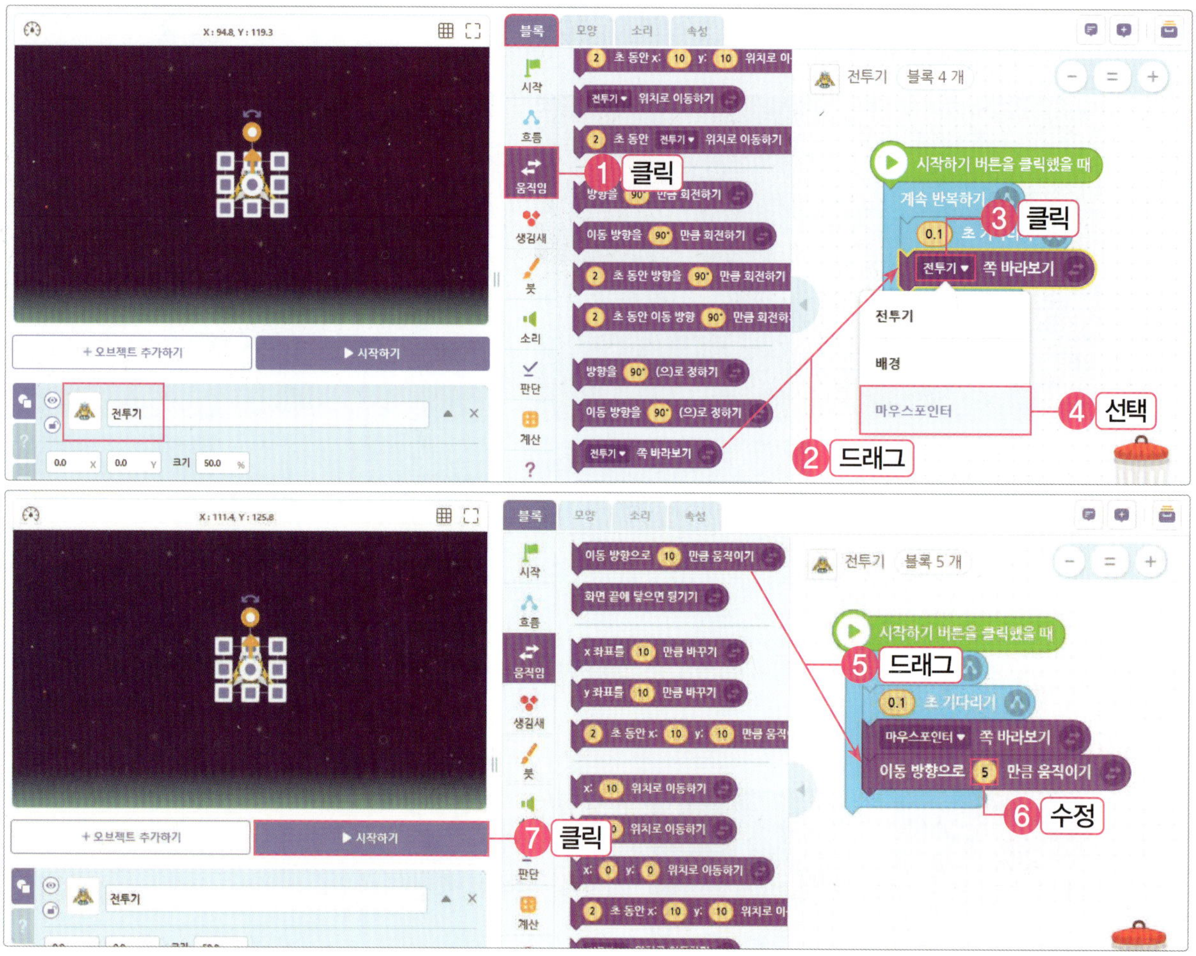

❷ 무대에서 결과를 확인합니다.

※ 무대 안에서 전투기가 계속 반복하여 마우스 포인터의 방향을 바라보며, 이동 방향으로 5만큼씩 이동합니다.

CHAPTER 19 문제 해결 미션 수행하기

미션 1 '자동차' 작품을 열고 결과 화면과 같이 무대를 완성해 보세요.

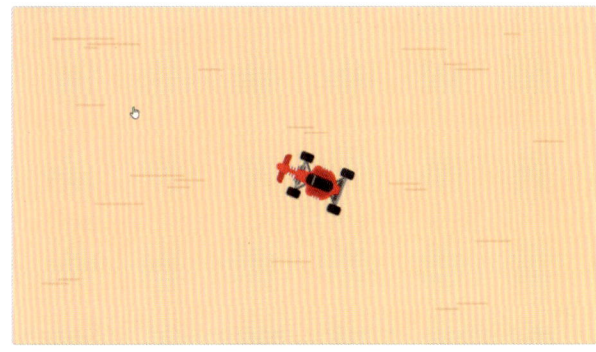 

 계속 반복해서 다음 기능을 실행하기
- 다음 모양으로 바꾸기
- 0.1초 기다리기
- 마우스 포인터쪽 바라보기
- 이동 방향으로 10만큼 움직이기

미션 2 '숲' 작품을 열고 결과 화면과 같이 무대를 완성해 보세요.

 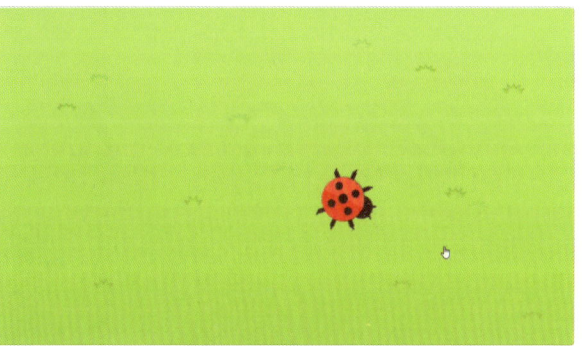

 계속 반복해서 다음 기능을 실행하기
- 다음 모양으로 바꾸기
- 0.1초 기다리기
- 마우스 포인터쪽 바라보기
- 이동 방향으로 10만큼 움직이기

CHAPTER 20 창의 놀이

학습 목표
- 패턴의 규칙을 인식하고 문제의 해결 방법을 알아봅니다.

패턴화 및 문제 해결능력

규칙 찾아내기

01 아래쪽 보기의 그림에서 규칙을 발견하고 빈 곳에 들어갈 숫자를 맞춰 보세요.

02 아래쪽 보기의 그림에서 규칙을 발견하고 빈 곳에 들어갈 숫자를 맞춰 보세요.

너무 어렵나요? ^^
연산자를 이용한 수식을 생각해 보세요.

Chapter 20 코딩 놀이

반복하여 모양을 바꾸며 방향키로 이동하기

학습목표
- 계속 반복하여 모양을 바꾸는 방법을 알아봅니다.
- 키보드의 방향키를 눌러 해당 방향으로 움직이는 오브젝트를 만들어 봅니다.

 배울 내용 미리보기

 핵심 블록 이해하기

❶ 오른쪽 화살표 키를 누르면 오른쪽 방향으로 10만큼 이동합니다.

❷ 왼쪽 화살표 키를 누르면 왼쪽 방향으로 10만큼 이동합니다.

❸ 위쪽 화살표 키를 누르면 위쪽 방향으로 10만큼 이동합니다.

❹ 아래쪽 화살표 키를 누르면 아래쪽 방향으로 10만큼 이동합니다.

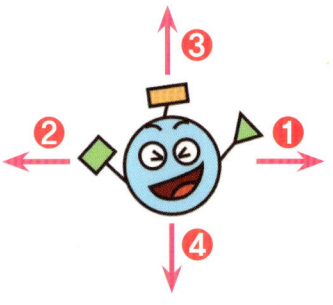

01 반복하여 움직임 만들기

① [소피이동] 작품을 오프라인에서 불러온 후 [소피] 오브젝트를 선택한 다음 [모양] 탭의 모양 목록에서 소피의 모양들을 확인합니다.

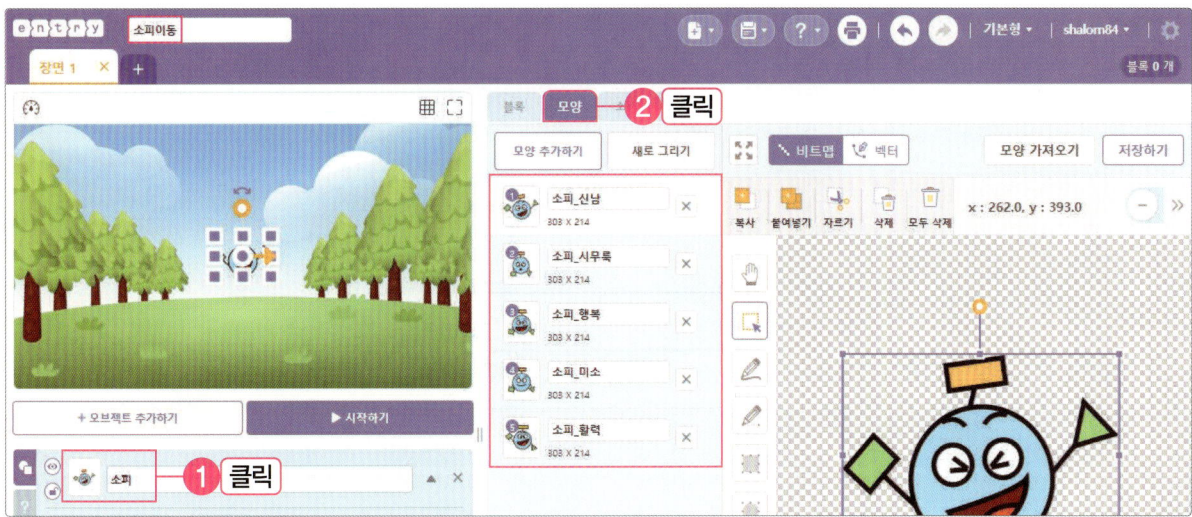

② [블록] 탭-[시작] 및 [흐름], [생김새] 꾸러미 등을 이용하여 다음과 같이 블록 연결 및 시간(0.1) 등을 수정합니다.

STOP! 여기서 잠깐!

`다음▼ 모양으로 바꾸기` 블록과 `0.1 초 기다리기` 블록의 원리 이해하기

계속 반복하여 모양을 다음 모양으로 바꾸지만 모양 변경 속도가 빨라 화면으로 확인이 어렵습니다.

계속 반복하여 모양을 다음 모양으로 바꾸며, 모양 변경을 0.1초 기다리기 블록으로 잠깐 확인할 수 있습니다.

Chapter 20 반복하여 모양을 바꾸며 방향키로 이동하기 • **125**

02 방향키를 이용한 오브젝트 이동하기

❶ [엔트리] 오브젝트에서 [블록] 탭의 [시작] 및 [움직임] 꾸러미를 이용하여 다음과 같이 블록을 연결합니다.

❷ 같은 방법으로 다음과 같이 블록 코딩을 완성 후 [시작하기]를 클릭하여 결과를 확인합니다.

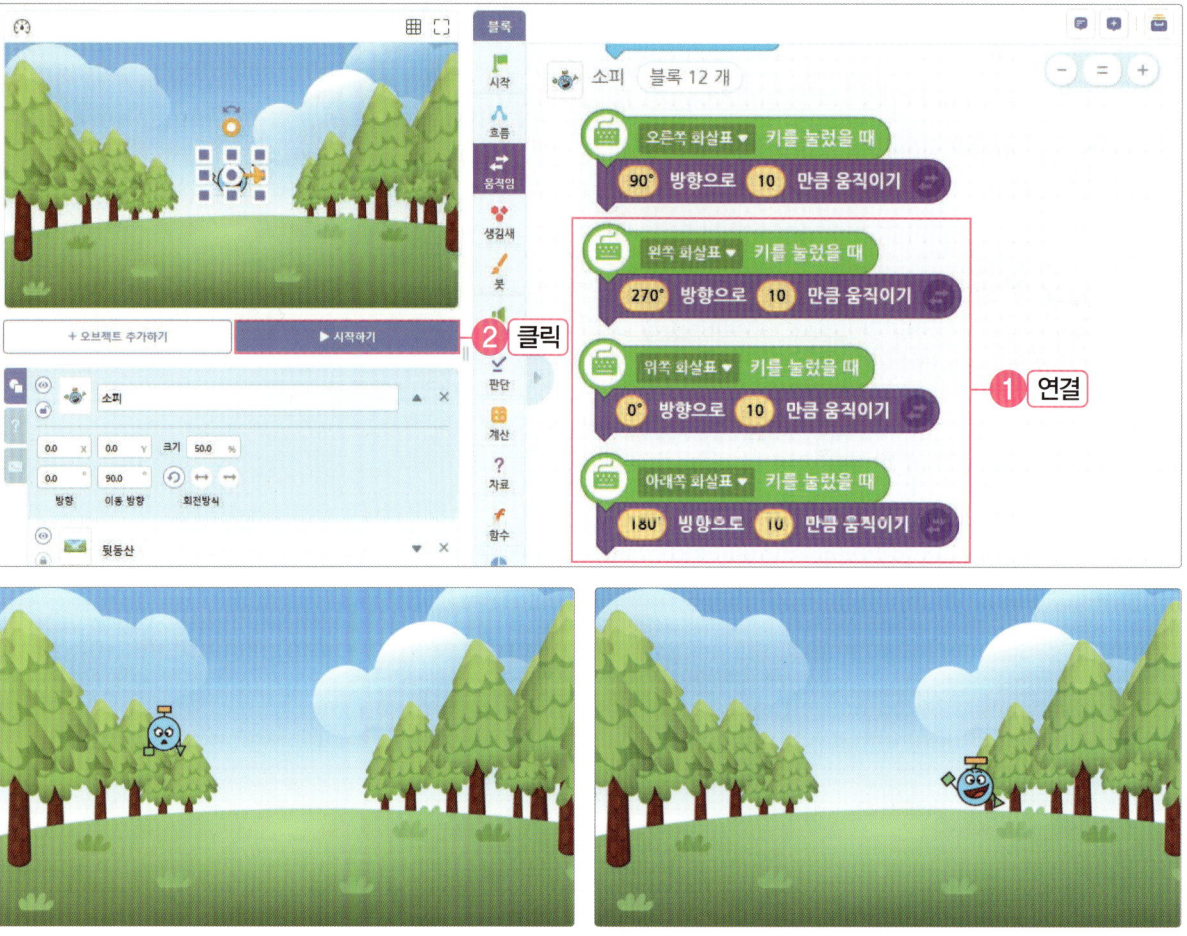

※ 무대 안에서 모양을 계속 바꾸며 키보드의 방향키에 따라 해당 방향으로 소피가 움직입니다.

CHAPTER 20 문제 해결 미션 수행하기

미션 1 '드론' 작품을 열고 결과 화면과 같이 무대를 완성해 보세요.

- 시작하기 버튼을 클릭했을 때 드론의 모양을 계속 반복하여 다음 모양으로 바꿉니다.
- 오른쪽 방향키를 눌렀을 때 오른쪽 방향으로 10만큼 이동합니다.
- 왼쪽 방향키를 눌렀을 때 왼쪽 방향으로 10만큼 이동합니다.
- 위쪽 방향키를 눌렀을 때 위쪽 방향으로 10만큼 이동합니다.
- 아래쪽 방향키를 눌렀을 때 아래쪽 방향으로 10만큼 이동합니다.

Chapter 20 반복하여 모양을 바꾸며 방향키로 이동하기 • **127**

CHAPTER 21 종합 활동 놀이

데칼코마니 놀이

01 아래 그림의 한쪽 모양을 보고 대칭 모양의 반대편 모양을 그려보세요.

02 완성한 곤충의 이름은 무엇일까요? [   ]

도형 맞추기 놀이

01 완성한 도형과 도형을 만들기 위한 재료가 서로 같은 것끼리 연결해 보세요.

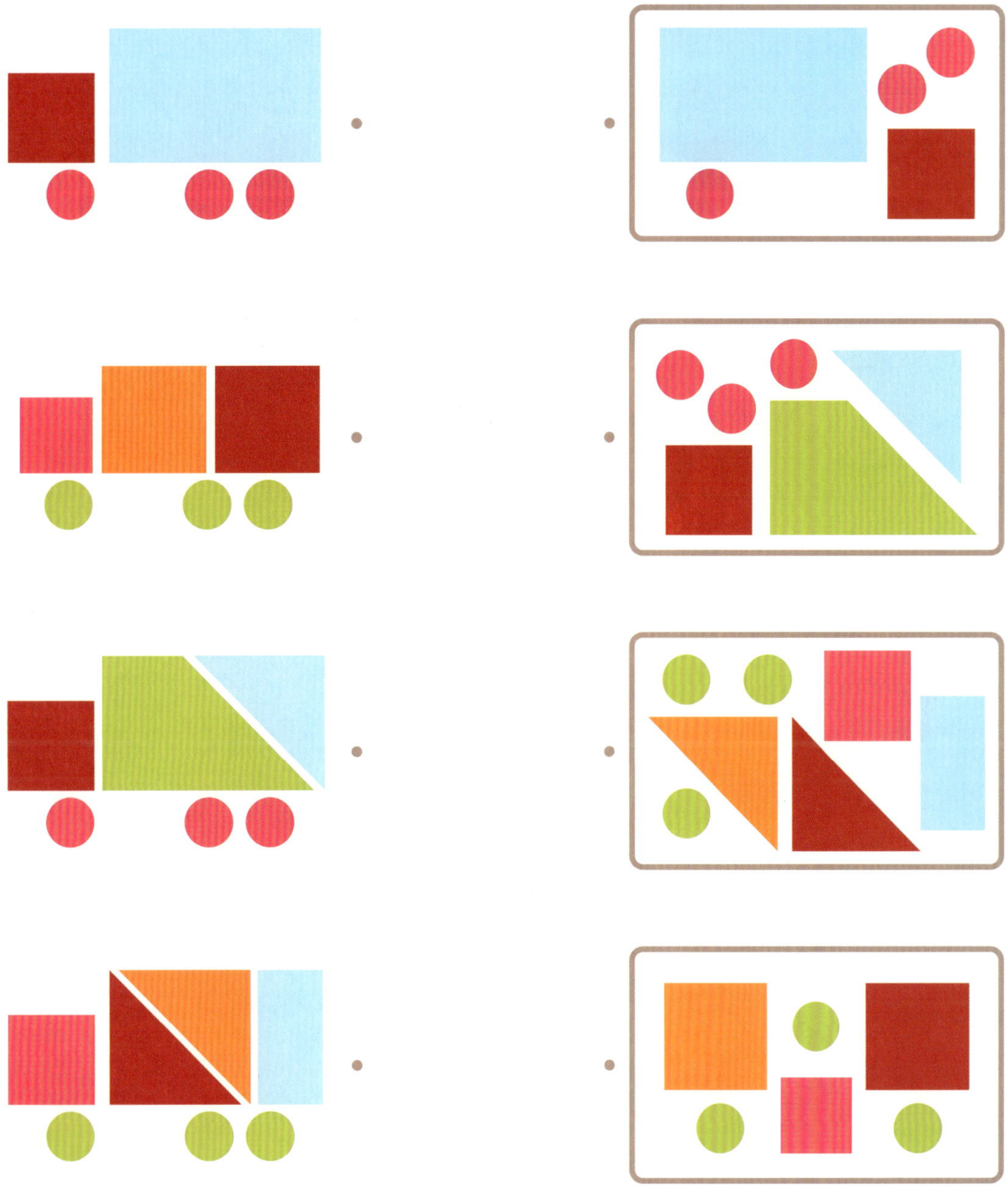

■ 불러올 파일 : 없음　　　　■ 완성된 파일 : 인어공주_완성.ent

놀이 1 좋아하는 동화 이야기를 상상하며, 엔트리 오브젝트를 이용하여 무대를 완성해 보세요.

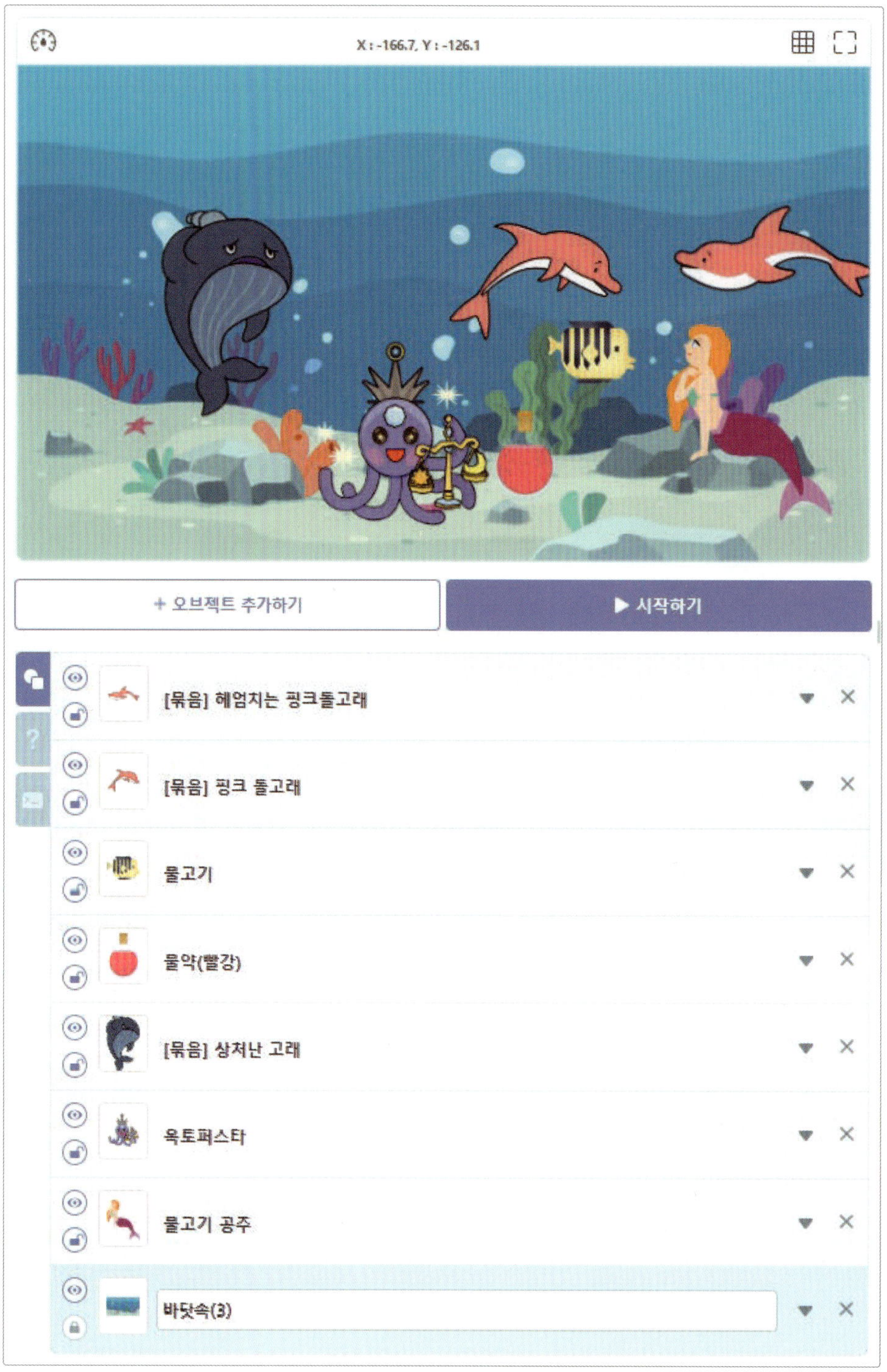

130 • 창의코딩놀이 **Lesson 1**

📁 불러올 파일 : 화성탐사.ent   📁 완성된 파일 : 화성탐사_완성.ent

놀이 2 '화성탐사' 작품을 열고 제공되는 오브젝트로 상상하는 화성탐사의 무대를 완성해 보세요.

Chapter 21 종합 활동 문제 • 131

CHAPTER 22 종합 활동 놀이

데칼코마니 놀이

01 아래 그림의 한쪽 모양을 보고 대칭 모양의 반대편 모양을 그려보세요.

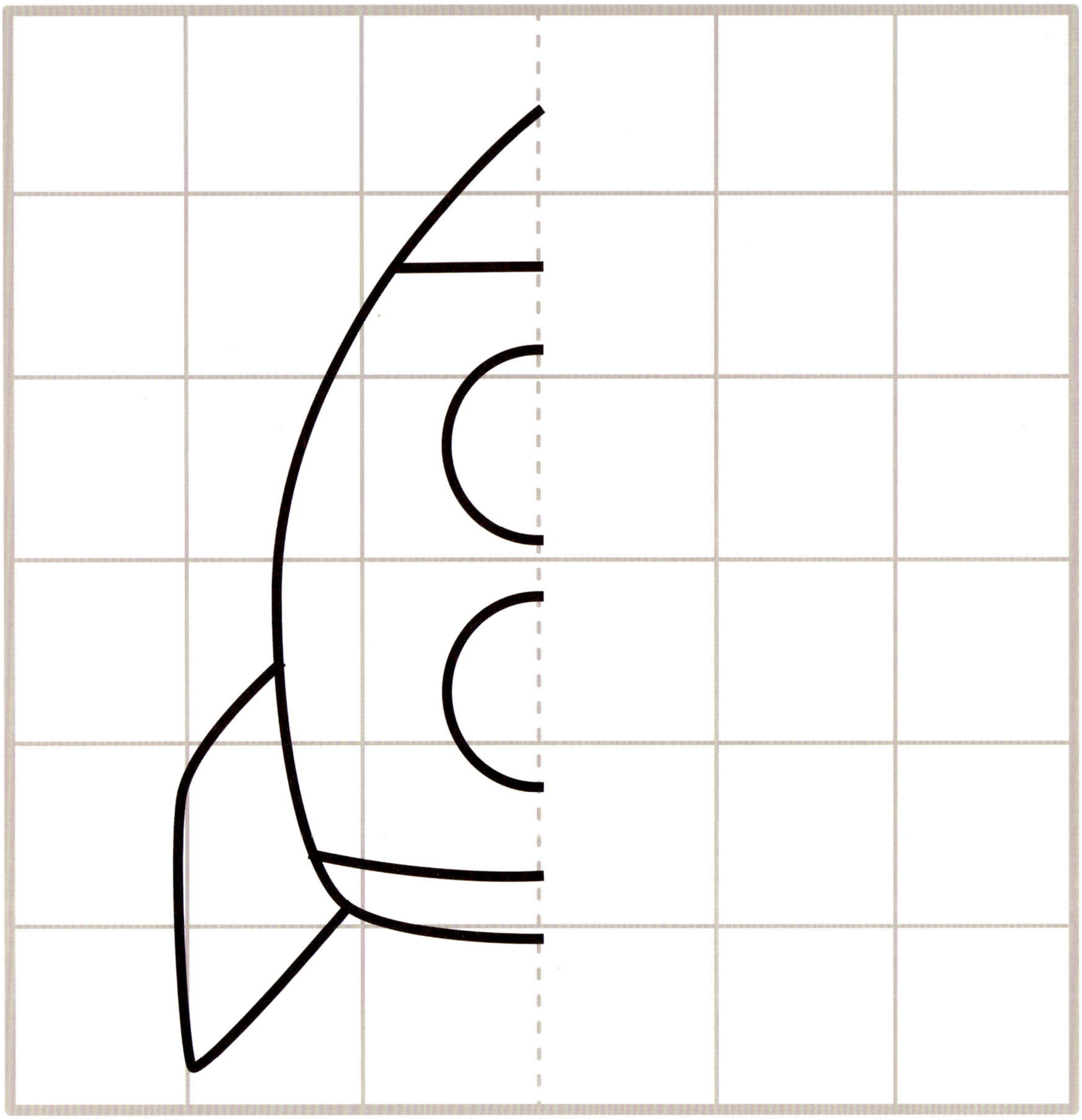

02 우주를 비행하기 위해 하늘로 발사하는 로켓은 무엇일까요? [   ]

도형 맞추기 놀이

01 완성한 도형과 도형을 만들기 위한 재료가 서로 같은 것끼리 연결해 보세요.

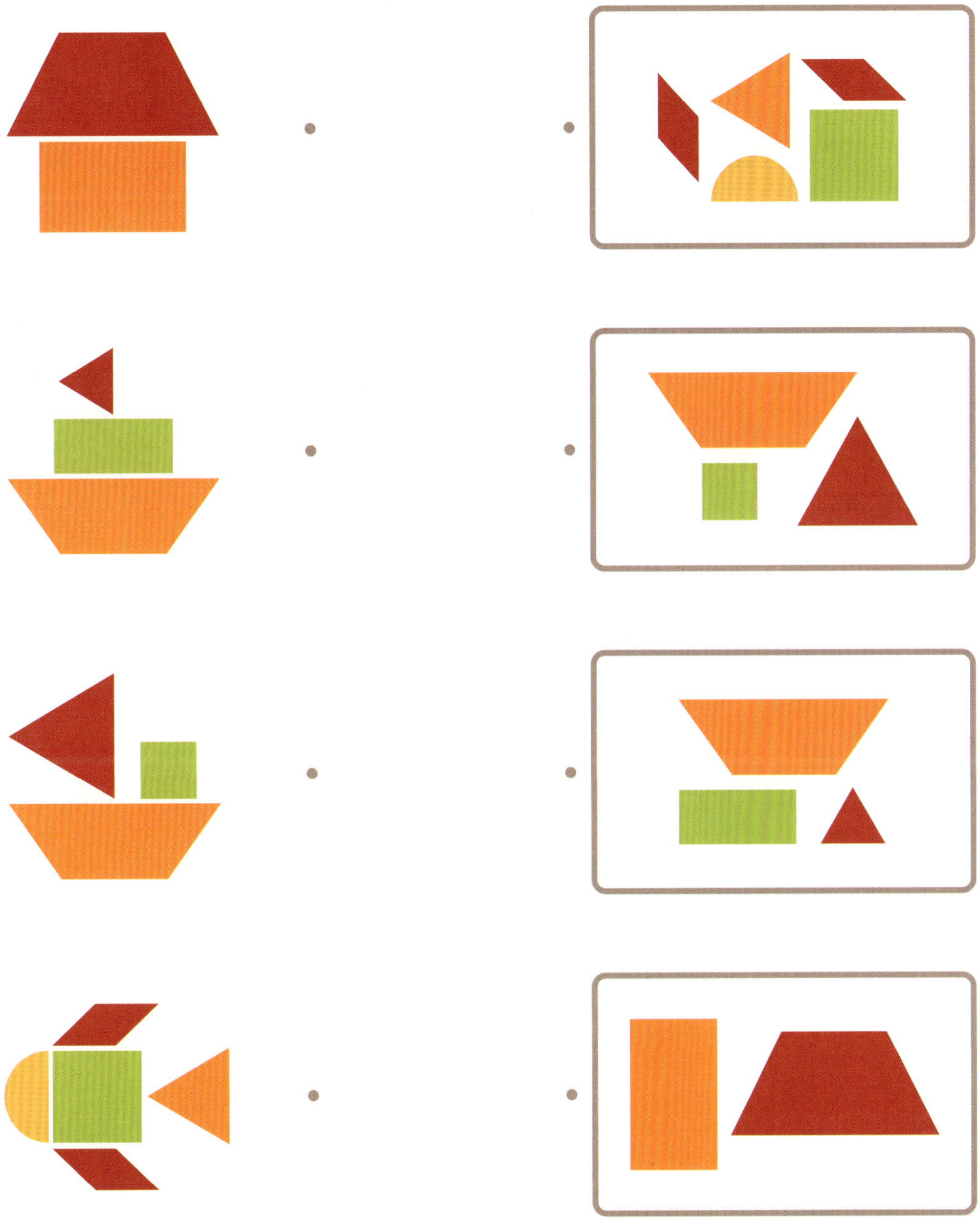

Chapter 22 종합 활동 문제 • 133

■ 불러올 파일 : 한복.ent   ■ 완성된 파일 : 한복_완성.ent

놀이 1 '한복' 작품을 열고 오브젝트의 모양에 원하는 모양의 얼굴을 추가하여 완성해 보세요.

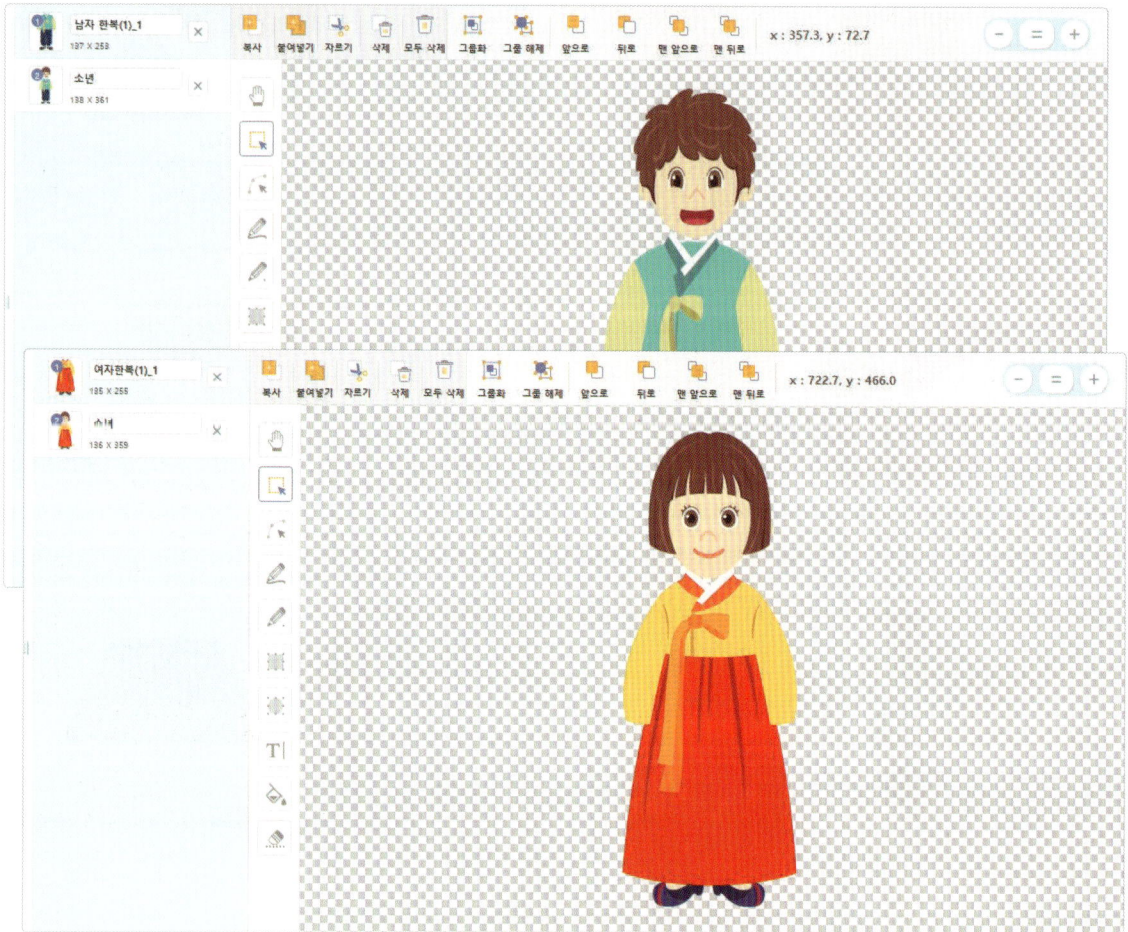

134 • 창의코딩놀이 **Lesson 1**

📁 불러올 파일 : 보물섬.ent   📁 완성된 파일 : 보물섬_완성.ent

 '보물섬' 작품을 열고 보물섬 동화를 생각하며, 상상의 무대를 완성해 보세요.

    해적1 ~ 해적2 : [모양 가져오기]로 모양을 추가하여 꾸며보세요.

    해적3 ~ 해적4 : 원하는 모양으로 바꾸고 반전 등을 이용하여 꾸며보세요.

   배경 : 원하는 모양의 배경으로 바꾸어 꾸며보세요.

Chapter 22 종합 활동 문제 • 135

CHAPTER 23 종합 활동 놀이

길 만들기 놀이

01 곰이 동굴로, 펭귄이 이글루 집과 모닥불로 이동할 수 있도록 길을 만들어 주세요.

❶  ❷  ❸  ❹

길 만들기 놀이

01 겨울이 왔어요. 북극곰이 동굴에 들어가 겨울잠을 잘 수 있도록 도와주세요.

Chapter 23 종합 활동 문제

📁 불러올 파일 : IOT명령.ent   📁 완성된 파일 : IOT명령_완성.ent

놀이 1 'IOT명령' 작품을 열고 결과 화면과 같이 무대를 완성해 보세요.

- 소년과 로봇의 대화 만들기
- 기다리기 블록의 시간 차이를 생각하고 서로 대화가 매끄럽게 잘 이루어 지도록 코딩합니다.

▲ 장면1

▲ 장면2

▲ 장면3

▲ 장면4

▲ 장면5

 소년의 블록 코딩 만들기
장면1과 장면5를 참고하세요.

 로봇의 블록 코딩 만들기
장면2와 장면3을 참고하세요.

 빈집의 블록 코딩 만들기
장면1~3과 장면4~5를 참고하세요.

 사물인터넷(IOT)이란?
사물인터넷은 조명이나 가전제품 등의 일상 생활에 사용하는 물건을 인터넷에 연결하여 서로 통신할 수 있는 것을 의미합니다.
이러한 물건은 생활을 더욱 편리하게 만드는데 도움이 되어주죠~^^

CHAPTER 24 종합 활동 놀이

길 만들기 놀이

01 마녀는 파란 요술 구슬로, 붉은 악마는 빨간 마법약이 있는 곳으로 길을 만들어 주세요.

①  ②  ③  ④

길 만들기 놀이

01 도착지까지 길을 찾아 연결하는 놀이입니다. 아래 규칙에 맞게 길을 찾아 보세요.

📁 불러올 파일 : 꽃밭만들기.ent　　📁 완성된 파일 : 꽃밭만들기_완성.ent

놀이 1 '꽃밭만들기' 작품을 열고 식물 오브젝트의 모양을 참고하여 아래의 무대를 완성해 보세요.

- 시작하기 버튼을 클릭했을 때 계속 반복하여 마우스를 따라다닙니다.
- 왼쪽 방향키(←)를 눌렀을 때 식물의 모양을 이전 모양으로 바꿉니다.
- 오른쪽 방향키(→)를 눌렀을 때 식물의 모양을 다음 모양으로 바꿉니다.
- 마우스를 클릭했을 때 식물 오브젝트의 현재 모양을 도장찍어 표시합니다.
- 스페이스바(SpaceBar)를 눌렀을 때 도장찍기로 표시된 모든 그림을 지웁니다.

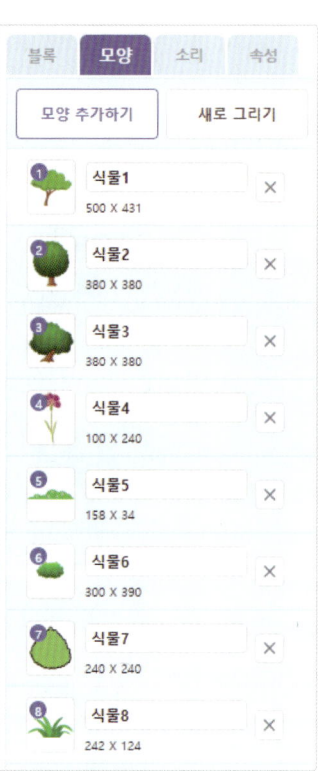

▲ 식물 오브젝트가 마우스를 따라다니며, →를 누르면 다음 모양으로, ←를 누르면 이전 모양으로 바뀝니다.

142 • 창의코딩놀이 Lesson 1

▲ 마우스를 클릭하면 식물 오브젝트의 현재 모양을 도장찍어 무대에 표시합니다.

▲ 키보드의 스페이스바(SpaceBar)를 누르면 도장찍기로 표시된 모든 그림을 지웁니다.

모든 붓 지우기 는 도장찍기로 무대에 표시된 모든 그림을 지워준답니다.

Chapter 24 종합 활동 문제 • 143